누리과정 5개 영역을
교과와 연계하여 설명한

유아교과교육

임부연 박수연 신은미 연희정 전홍주 최혜윤 공저

YANGSEOWON
양서원

프·롤·로·그

유아교과교육 책을 내기로 하면서 집필진에게는 많은 어려움이 있었다. 유아교육에서 교과교육을 어떻게 정의할 것인가의 아주 근원적 질문부터 답을 찾기 쉽지 않았기 때문이다. 또한 앞서 발간된 유아교과교육 교재들이 대부분 초등학교 교과를 중심으로 소개하고 있었기 때문에 이를 그대로 재구성하기도 어려웠다. 여러 궁리 끝에 집필진은 어렵더라도 유아교과교육을 새롭게 해석하고 유아교육현장에서 배움이 일어나는 방식을 그대로 반영하는 교과교육 책을 집필하는 것이 필요하다는 데 동의하였다. 무엇보다 국가수준 유아교육과정이 제안하고 있는 5개 영역의 교육내용과 이러한 내용이 유아교육현장에서 실제 실행되고 있는 방식에서의 배움의 내용을 교과와 연계하는 게 필요하였기 때문이다. 그러나 이러한 어려운 결정 뒤에도 여전히 많은 어려움이 존재하였다. 무엇보다 '교과' 하면 떠오르는 일반적 초등학교의 교과, 즉 국어, 수학, 사회 등의 보편적 교과를 유아교과교육과 어떻게 연결할 것인가의 문제도 계속 되었기 때문이다. 우리는 완전히 다른 책을 써야 했고 교재의 모든 내용을 모두 새롭게 생성해야만 했다. 그럼에도 불구하고 집필진은 현재 보편화된 의미의 교과와 유아교육과정에서의 교육내용, 그리고 현장에서 유아들이 배우는 방식을 어떻게든 연결해주고 모호한 영역으로 남아 있던 유아교과교육의 의미를 좀 더 명료화해 보자는 데 뜻을 같이 하였다. 이러한 숙의의 과정은 집필하는 내내 우리에게 어려움과 동시에 작은 희망을 주기도 하였다. 학자로서 오래된 숙제를 조금씩 해결해 가는 과정에 모두 진정성을 가지고 참여하였고 서로 어려움을 논의하며 협업하는 과정을 통해 우리 스스로도 많이 배워가고 있었기 때문이다.

모든 학교에서 교과교육은 학습자가 무엇을 배울 것인가, 즉 교육의 내용을 편의상 비슷한 지식의 종류로 묶어 놓은 것이고, 국어와 사회, 수학, 과학과 음악, 미술 등의 교과는 그러한 오랜 관행의 산물이라는 시각도 있다. 그러나 교과란 누군가가 임의로 비슷한 종류의 지식을 유형화하여 묶는다고 쉽게 만들어지는 단순한 발명품은 아니라는 점도 중요하게 생각해야 할 부분이다. 지식은 단기간에 나누거나 합하여 쉽게 만들어지는 단순 기능적 결과물이 아니기 때문이다. 즉, 교과란 지금까지 인류가 축적한 귀중한 지혜와 오랜 사회적 의사소통의 행위로 합의하여 모아놓은 지적 자산이기도 하다. 수학의 세계는 오랜 기간 인간이 생활하는 과정에서 보다 쉽게 사물을 세고 합하고 나누는 방식에서 이를 다른 사람과 소통하기 위하여 독창적 기호로 대화하는 방식이었고 아주 자연스럽게 교과화된 영역이기도 한 것이다. 따라서 학교교육에서 국어와 수학 등의 교과는 이미 고착된 '교과목'이 되었고, 유아교육도 이러한 학교교육의 교과와 연계될 필요가 있다. 본 교재에서는 유아교과교육을 유아가 경험하며 배우는 내용, 즉 누리과정 5개 영역의 내용을 구체적으로 설명하면서 각 영역이 초등학교 교과교육과 어떻게 연계되는지를 충실히 설명하고자 하였으며 동시에 이러한 교과를 유아교육기관에서 어린이들이 어떻게 놀이하며 배우게 되는지를 실제 사례를 중심으로 집필하기로 하였다.

본 교재는 크게 Ⅰ부와 Ⅱ부로 구성되어 있다. Ⅰ부는 유아교과교육의 특성과 현황, 5개 영역과 교과교육을 어떻게 연계하여 읽을 수 있는지에 초점을 두고 집필하였다. Ⅱ부는 유치원과 어린이집에서 실제 교사들은 유아교과교육을 어떻게 실행하고 있는지에 중점을 둔 유아교과교육의 실제편이다. 먼저 1장은 교과교육이 무엇인지를 설명하였다. 교과의 정의, 교과에 대한 다양한 해석과 함께 서양과 우리나라 학교교육에서 교과교육이 어떻게 구성되고 변천하여 왔는지에 설명하였다. 1장의 내용은 유아교과교육의 특성을 이해하기 전에 일반적으로 학교교육에서 교과교육을 이해하는 데 도움이 된다. 특히 초등학교에서 교과목이 무엇이고 어떻게 편성 운영되는지를 한눈에 알기 쉽도록 제시하였고 유아교육과정 5개 영역의 변천사를 함께 제시하여 이해를 돕고자 하였다. 2장은 유아교육을 포함하여 교과교육의 다양한 접근에 대한 내용을 담고 있다. 유아교육의 특성상 교과교육에 대한 이해가 다를 수 있고 서로 다른 교과해석을 다양한 접근으로 소개해 보고자 하였다. 이를 통하여 유아교과교육의 특수성과 고유한 실천방식을 보다 폭넓게 이해할 수 있으리라 기대한다. 이어서 3장에서는 현재 유아교과교육이 실천되고 있는 실제 현황에 대해 상세히 소개하고자 하였다. 현재 유아교과교육은 대학과 현장, 국가수준 유아교육과정에서 다르게 해석하고 실천하고 있다. 유아교사양성대학은 초등학교 교과목을 유아교과교육으로 가르치고 있고, 유아교육과정은 유아의 경험을 5개 영역으로 조직하여 제시하고 있기 때문이다. 더욱이 유아교육현장은 교과가 표면적으로 드러나지 않고 놀이와 일상생활에 기반하여 교육과정을 운영하고 있다. 이것은 유아교육에서 교과를 매우 복잡한 영역으로 이해하고 있다는 점이고, 예비유아교사들은 이러한 복잡성의 실제를 양성과정에서부터 배울 필요가 있다는 점에서 현실감 있게 정리를 하고자 하였다. 4장에서는 3장에서 정리한 유아교과교육의 특수성을 유아교육과정에서 5개 영역과 초등학교 교과목과 연계하여 '내용'을 소개하는 데 초점을 두었다. 5개 영역의 각 영역이 특정의 교과와 어떻게 연계되어 있고 교과와 5개 영역을 어떻게 해석하고 이해하여야 하는지를 59개의 각 내용을 기반으로 해석 소개하였다. 이는 유아교육과정에서 교육내용을 소상히 다루는 교재가 아직까지 출판되고 있지 않은 상황에서 유아교육에서 교육내용과 교과를 이해하는 귀중한 설명이 될 것이라 생각한다.

Ⅱ부는 1장에서부터 4장까지 다룬 내용이 유아교육현장, 즉 유치원과 어린이집에서 실제 어떻게 실행되고 있는지를 매우 구체적 사례를 중심으로 소개하고 있다. 각 영역으로 들어가기 전에 Ⅱ부의 각 영역이 어떻게 구성되어 있고 어떻게 읽어야 하는지를 간략히 소개하고 있으니 먼저 읽어보는 것을 권유한다. 5장은 신체운동·건강 영역과 유아교과 연계, 6장은 의사소통 영역과 유아교과 연계, 7장은 사회관계 영역과 유아교과 연계, 그리고 8장은 예술경험 영역과 유아교육 연계, 9장은 자연탐구 영역과 관련된 유아교과의 연계내용으로 집필하였다. 각 장은 모두 각 영역의 내용이

무엇이고, 각 영역이 어느 교과와 밀접하게 연계되어 있는지를 앞의 4장에서의 내용과 일관성 있게 설명하고자 하였다. 무엇보다 각 영역의 교육내용은 모두 유아들이 유치원과 어린이집에서 놀이하거나, 생활, 그리고 활동 등을 통하여 무엇을 배우는지의 교육내용 그리고 그 배움에서 교과지식이 어떻게 발생하고 교사가 무엇을 고민하고 실천하는지를 구체적 예시를 중심으로 설명하고 있다. 특히 유아교육의 특성상 교과교육은 놀이와 생활, 활동에서 통합적으로 발생한다는 점을 존중하여 각 영역의 마지막에는 놀이중심 통합사례를 제시하고 교과와 관련하여 유아교사가 무엇을 고민하고 실천하는지의 과정을 구체적으로 설명하도록 하였다.

여러 어려움을 넘어 막상 출판을 하려 하니 여전히 부족함이 많이 보여 펜을 놓기가 두렵다. 그러나 현 시점에서 새로운 유아교과교육 교재가 시급히 필요하다는 생각에 부족함을 뒤로 하고 출판을 결심하였다. 그동안 힘든 일상에서도 밤늦게 때로는 이른 아침 서로 시간을 내어 고민하던 집필진을 옆에서 지켜보며 기다려준 어린 자녀들과 가족들에게 감사하다. 이 책이 무사히 나오도록 편집까지 잘 마무리해 준 출판사에게도 감사하다. 마지막으로 유아교과교육을 필요로 하는 모든 예비유아교사들과 교사교육자들에게 이 책이 유아교육에서 교육내용을 이해하는 데 작은 도움이 되기를 희망하며 펜을 내려놓는다.

2023년 3월 화사한 봄날을 기다리며

저자 일동

차·례

제 I 부 유아교과교육의 이해

제1장 교과교육의 기초 • 15

제2장 교과에 대한 다양한 접근 • 31

제4장 유아교과교육과 누리과정 5개 영역 이해 • 75

제II부 유아교과교육의 실제

제7장 사회관계 영역과 교과의 실제 · 141

제8장 예술경험 영역과 교과의 실제 · 161

제9장 자연탐구 영역과 교과의 실제 • 179

제 I 부

유아교과교육의 이해

Chapter

1

교과교육의 기초

제1장 교과교육의 기초

교과(subject matter)는 교육내용을 교육목적에 맞게 선정하고 조직한 '교과내용의 체계'로 일반적으로 학교교육에서 가르치고 배우는 내용이다.

본 장에서는 교과의 개념 및 특성을 알아보고 역사적 관점에서 교과가 형성되고 발전되어온 과정을 서양과 우리나라로 구분하여 살펴보고자 한다. 이러한 고찰을 통해 미래 교과교육의 방향을 제시하고자 한다.

1. 교과의 개념 및 특성

교육을 바라보는 관점에 따라 교과는 다르게 정의될 수 있다. 다시 말하면 교육 패러다임에 따라 학습자에 대한 인식과 교사 역할의 강조점에 차이가 있으며 교과도 다르게 설명된다.

1) 교육 패러다임에 따른 교과의 개념

전통적인 교육 패러다임 하에서 교과는 학습자의 경험 밖의 별개 영역에 존재하는 학문적 지식으로서, 교사가 가르쳐야 할 내용으로 인식되었다. 반면에 학습자 중심 교육 패러다임 하에서 교과는 학습자가 구체적으로 직접 겪은 경험과의 관련 속에서 해석되고 이해되어야 하는 것이다. 교육을 바라보는 관점에 따른 교과의 개념 및 특성에 관하여 좀 더 자세히 설명하면 다음과 같다.

첫째, 전통적인 교육 패러다임: 학문적 지식으로서의 교과

교과를 학문적 지식으로 보는 관점은 학습자에게 다양한 학문 분야에서 도출된 지식을 가르쳐야 한다는 입장이다. 예를 들면, 학교 교육과정이 정립되던 시기에는 인문학과 칠자유학과에서 도출한 그리스어, 라틴어, 수학, 천문학, 수사학, 논리학 등을 교과로 조직하기도 했다. 이후 이러한 조직 및 구성 방식은 각급 학교 교육과정의 내용을 조직하는 모태로 활용되었다.

점차 사회가 복잡해지고 다양해지면서 필요한 지식과 기술을 가르치기 위해 학교는 학습자에게 유용하다고 판단되는 학문적 지식을 유사한 영역끼리 묶어서 교과로 편성하기 시작하였다. 이와 함께, 학교 급별로 하나의 지식을 더욱 깊이 있게 학습하도록 단계적이고 위계적인 내용을 제공하기 위해 학문적인 지식의 구조를 체계적으로 조직하는 방식을 채택하기도 하였다. 이에 따라, 각급 학교 교육과정에서는 학교의 목적에 적합하게 교사가 가르치고 학생들이 배워야 하는 지식과 기술을 나름대로 조직하여 국어, 수학, 과학, 사회 등의 교과로 편성하기 시작했고, 상급학교로 갈수록 교과는 학문적 분야에 근접할 수 있도록 점차 분절화되면서 각 교과에서 다루는 지식과 기술의 범위도 결정되었다. 예를 들면, 과학은 생물학, 지구과학, 물리학, 화학 등으로, 사회는 지리, 경제, 정치, 문화, 역사 등으로 분절화되고, 각 교과에 포함되는 지식도 학문 발전에 따라 그 내용이 변화하고 있다.

이처럼 지식을 중심으로 교과를 편성하는 방식을 옹호한 대표적 학자는 허스트(P. H. Hirst)와 피터스(R. S. Peters)이다. 이들은 학교에서 전통적으로 가르쳐온 교과의 가치를 정당화하는 데 있어 '지식의 형식(forms of knowledge)'이라는 용어를 사용하였다. 지식의 형식이라는 용어는 '인간의 경험을 일반적으로 인정되는 방식으로 분류해 놓은 것'을 의미하며 각각의 지식의 형식은 독특한 개념과 그 자체의 논리적 구조 또는 논리체계를 가지고 있어서 이를 통해 경험 또는 현상들이 각기 다른 방식으로 이해된다고 주장하였다. 허스트와 피터스(Hirst & Peters, 1970)가 주장한 지식의 형식

론은 전통적인 교과가 가지고 있는 '내재적 가치'를 논리적으로 설명함으로써 교과가 실용적인 목적만이 아닌 그 자체의 가치에 의해서도 정당화될 수 있음을 보여주는 것이다.

둘째, 학습자 중심 교육 패러다임: 학습자 경험으로서의 교과

학습자의 경험을 교과로 간주하는 입장에서는 학문적 지식이나 문화유산의 지식을 직접적으로 가르치기보다는 학습자가 직접 경험할 수 있도록 조직하는 것이 바람직하다고 보고 있다. 따라서 학교에서 가르치는 교육내용은 학습자가 일상적인 삶에서 적용할 수 있는 내용으로 조직되어야 한다고 보며, 교과는 학습자가 경험하는 일상생활의 모든 것이 되어야 한다고 주장한다. 학습자의 경험은 교과에 포함되는 지식과 분리하여 일어나지 않는다고 보기 때문에 학교나 교사가 조직한 교과보다는 학습자가 일상생활에서 부딪치는 문제들을 해결해나갈 수 있도록 학습자의 경험을 교과에 담아야 한다고 주장한다.

교육에서 경험에 대한 사유를 발전시킨 사람은 듀이(Dewey)이다. 듀이는 교육과정을 학생이 할 '학업'(일, 직업)으로 보고, 학교교육은 학생에게 친숙한 대상이나 사건을 가지고 생각을 나누고 문제를 해결하도록 해야 한다고 주장하였다. 듀이의 이런 관점은 학교교육을 위한 교과에 학생이 경험 가능한 구체적인 상황에서의 문제 해결을 포함시키는 데 영향을 주었다.

이러한 듀이의 경험에 대한 이해는 아동의 흥미와 교과의 연속성을 강조하는 것으로, 전통적인 교과를 배제하기보다 진보적으로 통합했다고 보는 것이 더 합리적이다(Tanner & Tanner, 1995). 듀이의 교육과정은 20세기 이후 학습자의 경험으로서 교과를 이해하는 데 매우 큰 영향을 주었고, 그 영향은 현재까지 이어지고 있다.

2) 교과의 특성

앞에서 설명한 바와 같이 교과는 다양한 관점에서 개념화될 수 있으나 공통적으로

다음의 네 가지 특성을 가지는 것으로(곽병선 외, 1998) 알려져 왔다.

첫째, 교과는 문화에서 선정된다.

문화란 인류의 지식, 신념, 행위의 총체로 우리 사회에서 인간이 만든 모든 것을 의미한다. 그러나 이 방대한 내용을 모두 학생들에게 가르치는 것은 불가능하다고 볼 수 있다. 따라서 문화 중 무엇을 선정해서 교육할 것인가에 대한 결정이 필요하다.

즉, 교과는 문화 중 학교교육의 목적에 적합한 내용을 추출하여 조직해 놓은 묶음으로 볼 수 있다. 따라서 교과의 모체는 바로 문화라 할 수 있다.

둘째, 교과는 의사결정의 산물이다.

교과가 수많은 문화 요소 중 선정되는 것이라 할 때 그 선정과정에는 힘의 개입이 필연적일 것이다. 문화 요소 중 무엇을 교과로 정할 것인가를 결정하는 데 있어서 객관적 판단의 기준이 있다기보다는 사회적 권위를 가진 의사결정자의 의지와 판단이 중요한 역할을 할 것이다. 따라서 교과는 선정되는 의사결정의 과정에서 사회적 권위가 개입된다는 특성을 가진다.

셋째, 교과는 사회집단에 의해 그 교육적 가치를 인정받아야 한다.

교과는 그 가치를 인정해 온 학문공동체 또는 사회집단의 지지를 받아 유지 · 존속된다. 특정한 영역의 지식이나 경험이 교과로 인정되어 학교교육의 내용으로 편입되기 위해서는 그 가치를 지지하는 사회집단의 인정이 필수적이며 그러한 지식이나 경험은 기존 사회체제의 가치나 신념과 갈등을 일으키지 않고 그 사회의 발전에 이바지할 수 있는 것이어야 한다는 것을 전제로 한다.

넷째, 각 교과는 다른 교과와 구분되는 개념체계와 논리적 준거를 가진다.

교과는 결코 다른 교과와 동일시되거나 유사하게 되는 쪽으로 성립의 근거를 마련하지 않는다. 되도록 다른 점을 살려서 분리 · 독립하는 방향으로 움직인다. 따라서 각 교과는 현상을 바라보는 독특한 방식과 앎의 방식이 있는데, 이는 단지 지식의 내용뿐 아니라 지식 구성의 방법에 있어서도 교과별로 각기 다른 방식을 만들어낸다. 이들 교과는 학교 단계의 수준이 올라갈수록 더 세분화되는 경향이 있다.

이를 종합하면 교과는 인류 문화의 축적물 중 구성원들의 의사결정 과정을 통해 교육적 가치를 인정받은 것으로 각 교과는 독특한 논리적 준거를 가진다는 특성이 있는 것으로 알려져 왔다. 그러나 사회 변화에 따라 교육을 바라보는 다양한 관점이 출현하게 되었고 이는 교과의 정의에도 영향을 미치게 되었다. 따라서 오늘날 교과의 특성을 이야기할 때 위에 언급한 네 가지에 덧붙여 학습자 경험 측면에서의 교과의 특성도 고려할 필요가 있다.

2. 교과의 형성과 발달

역사적으로 볼 때 교과는 각 시대와 사회의 교육에 대한 관점이나 정치, 경제, 사회, 문화적 조건에 의해 다양하게 변모해 왔다. 따라서 교육은 인류의 역사와 함께한다고 해도 과언이 아닐 것이다. 즉, 학교 설립 이전에도 가르치고 배우는 행위는 이루어졌고 교육의 내용, 즉 교과는 존재해 왔을 것이다. 본 절에서는 서양과 한국에서 교과의 형성과 발달 과정에 초점을 맞추어 고찰해보고자 한다.

1) 서양의 교과 형성과 발달

서양 교과의 기원은 고대 그리스 아테네의 교육에서 찾을 수 있다. 아테네에서는 인간의 성품이나 덕을 함양하는 교육에 초점을 두었으며 수사학, 문법, 수학, 음악, 철학, 지리, 자연사, 체육 등이 이러한 함양을 이끌 것으로 믿었다(Priestley & Biesta, 2013). 이러한 교과들은 중세의 칠자유학과(seven liberal arts)로 이어졌다. 칠자유학과는 문법, 수사학, 변증법과 산수, 기하, 천문, 음악을 의미하는 것으로 실용적, 기술적 측면과는 거리가 먼 교과로 구성된 것이 특징이다.

학교교육이 본격적으로 제도화된 것은 대학이 설립되고 학위제도가 등장한 중세부터로, 이때부터 교과가 체계화되었다고 볼 수 있다. 11~12세기 유럽에서 최초의 대학이 생겨나면서 학부 과정에서 칠자유학과와 철학을, 전공 과정에서 법학, 신학, 의학 등의 교과를 가르친 것으로 기록되어 있다(배장오, 2015).

르네상스를 거치면서 유럽 사회는 중세 봉건적 제도에서 합리적이며 인간중심의 문화로 변화하였다. 칠자유학과는 '인문교과'로 계승, 발전되었는데 인문교과는 주로 고전과 문학, 역사, 종교 철학 등으로 구성되어 있었다(소경희, 2017). 이는 이 시기 교과가 그 기반을 사회적 유용성과는 구분되는 '학문적 가치'에 두고 있다는 것을 의미한다.

유럽 사회는 18세기에 산업혁명을 거치면서 근대 산업사회로 변화하게 된다. 그에 따라 학교도 근대적 체계를 갖추게 되면서 근대적 의미의 교과가 형성된다. 한편, 근대적 교과 형성에는 산업혁명과 더불어 시민혁명과 학문 자체의 발전이 영향을 미쳤다고 보는 관점이 지배적이다. 먼저, 산업혁명으로 산업이 눈부시게 발달하고 노동이 분업화되면서 노동자 양성이 필요하게 되었다. 그에 따라 노동자 양성을 위한 직업교육이 강화되었고 관련된 교과인 상업, 농업, 가정, 기술 등이 발달하게 되었다. 또한, 시민혁명으로 근대 시민사회가 형성되면서 특정 계층만이 아닌 모든 사람을 위한 교육의 필요성이 강조되었고, 교육의 기회가 확대됨에 따라 교과의 성격에도 변화가 생기게 되었다. 마지막으로, 학문의 발달 또한 근대적 의미의 교과 형성에 영향을 미쳤는데 인문, 사회, 자연과학 분야의 학문이 발달하면서 교과로 편입되었다. 그에 따라 19세기 중반에 자연과학이 교과로 등장하게 되었으며 그 이후 사회과학도 교과에 포함되었다. 이처럼 근대의 경제적, 정치적, 학문적 변화는 실용적 가치를 중시하는 근대 교과의 발달에 영향을 미치게 된다.

이러한 흐름은 19세기 미국의 개척정신과 결합하여 진보주의 교육 운동으로 이어졌다(소경희, 2017). 미국에서 오늘날과 같은 형태의 교과는 19세기 말에서 20세기 초에 급격한 사회적, 정치적 변화과정 속에서 출발한 것이다(Popkewitz, 1987). 이 시기에 종래 강조되어 오던 라틴어와 같은 교과는 새로운 범주의 교과, 즉 과학이나 외국어로 대체되면서 오늘날 미국 학교에서 가르치는 일반적인 교과, 즉 수학, 읽기, 과학, 사회, 언어, 예술 등과 같은 범주가 출현하기 시작했다(소경희, 2017).

요약하면, 실용적인 가치가 중요시되는 오늘날에도 전통적인 교과는 여전히 학교의 기본 교과로서의 명맥을 유지하고 있다.

2) 한국의 교과 형성과 발달

우리나라 최초의 관립 교육기관은 고구려 시대의 태학으로 알려져 있다. 태학은 고급 관리의 양성을 목적으로 설립되었으며 오경(시경, 서경, 역경, 예기, 춘추), 삼사(사기, 한서, 후한서), 삼국지, 진춘추 등 중국 고대의 경서와 사서를 중요한 교재로 하였다(가영희 외, 2011). 고려시대에는 국자감을 설립해 관리를 양성하였으며 교과목은 공통 필수과목(논어, 효경)과 전공과목(주역, 상서, 주례, 모시, 대례, 춘추, 무학)으로 구분하여 가르쳤다. 국자감은 조선시대의 성균관으로 이어지는데 성균관은 유학이념에 근거하여 고급 관리 양성을 목적으로 하였으며 교과목은 사서(대학, 중용, 논어, 맹자)와 오경(시경, 서경, 역경, 예기, 춘추), 역사서를 포함하는 것으로 기록되어 있다.

이러한 교과는 과거제도와 밀접하게 연관되어 있었는데, 이는 학교교육을 편협하게 하여 지성을 실천하는 인격인을 양성하는 데는 미흡하였다는 비판을 받는다(추정훈, 2010). 이러한 유교 경전 중심의 교육은 고려시대와 조선시대를 거쳐 19세기 후반 근대 학교 체제가 성립될 때까지 우리나라 학교교육의 일관된 흐름이었다(소경희, 2017).

1876년 개항 이후부터 미국의 선교사들에 의해 학교가 설립되기 시작하였으며 이들 학교는 서양 신문화 소개의 중요한 역할을 담당하게 되었다. 선교사에 의해 1885년에 설립된 배재학당에서는 한문, 영어, 천문, 지리, 생리, 수학, 수공, 성경 등을 가르쳤다. 여학생들을 위해 1886년에 설립된 이화학당에서는 교과목으로 성서를 가장 중요시하였으며, 영어, 영문법, 산술, 언문(諺文), 창가(唱歌), 역사, 글씨쓰기 등과 천자문, 동몽선습 등 한문도 가르쳤다. 이들 교과는 오늘날의 교과와 같은 현대적 의미의 교과로 볼 수 있으며 이때부터 서양식 교육제도와 교과가 도입된 것으로 볼 수 있다.

우리나라의 전통적 교육은 1884년 갑오개혁을 통해 전면적인 변화를 맞이하게 된다. 갑오개혁은 국가적 차원에서 전통적인 교육 형태를 벗어나 근대 교육 체제로 나아가기 위한 교육개혁을 포함하고 있었다. 즉, 갑오개혁을 통해 전통적인 관리 양성 제도였던 과거제가 폐지되고 성균관을 제외한 교육기관이 전폐되었으며, 국가적 차원에서 근대학교 법령이 정비되고 근대적 학제에 따른 관립학교가 세워졌다. 그리고 각급 학교에서 가르쳐야 할 교과목도 법으로 규정되었다(소경희, 2017).

당시의 학교 교과를 살펴보면, 전통적인 교과목들이 서구식 교과목으로 대체된 것을 볼 수 있다. 지금의 초등학교에 해당하는 소학교는 만 8세부터 15세까지를 학령으로 정하고 오늘날의 저학년에 해당하는 3년제의 심상과(尋常科)와 고학년에 해당하는 2, 3년제의 고등과로 나누어 운영하였다. 심상과의 교과목은 수신, 독서, 작문, 습자, 산술, 체조 등으로 하되, 사정에 따라 학부대신의 허가를 받아 체조 대신 한국지리, 역사, 도화, 외국어 가운데 한 과목 또는 몇 과목을 더할 수 있으며, 여학생을 위하여 재봉과목을 더할 수 있었다. 고등과의 교과목은 수신, 독서, 작문, 습자, 산술, 본국지리, 본국역사, 외국지리, 외국역사, 이과, 도화, 체조 등으로 하고 여학생을 위하여 재봉과목을 더할 수 있었다. 역시 사정에 따라 외국어 한 과목을 더할 수 있었으며, 외국역사, 외국지리, 도화 중에서 한 과목 또는 몇 과목을 제외할 수 있었다(한국민족문화대백과사전).

1905년 을사조약이 체결되자 통감부는 우리나라 교육에 통제를 가하면서 종래의 5~6년제 소학교를 4년으로 단축하고 보통학교로 변경하였다. 보통학교 교과목은 종전의 것과 큰 차이가 없었으나 일어를 국어와 같이 주당 가장 많은 6시간으로 배정한 것이 특징이다. 또한, 일본 정부는 교과서 편찬에도 간섭하기 시작하였는데 통감부는 식민지 교육 정책을 취하면서 교과용 도서 검인정 제도를 시행하였다. 교과서는 학부에서 편찬한 것과 학부대신의 인가를 얻은 것만을 사용하게 하였다.

1911년 〈조선교육령〉 이후에는 일어를 국어로 하고 우리의 국어는 조선어로 취급하였다. 또한 우리나라의 역사와 지리를 가르치는 대신 일본의 역사와 지리를 가르치게 되었다. 보통학교의 교과서는 조선어와 한문과를 제외하고 모두 일어로 편찬하였으며 실과교육을 강화하였다. 보통학교의 교과목은 수신, 국어(일본어), 조선어 및 한문, 산수, 이과, 창가, 제조, 도화, 수공, 재봉, 수예, 농업초보, 상업초보 등으로 구성되어 있었다. 고등보통학교의 교과는 수신, 국어(일본어), 조선어 및 한문, 역사, 지리, 수학, 이과, 실업, 습자, 도화, 창가, 체조 등으로 구성되어 있었다(추정훈, 2010).

모든 교과서는 조선총독부가 주관하여 국정교과서화하였다.

그림 1-1 ▸ 조선총독부에서 편찬한 초등국사

해방 직후 우리나라의 교육과정은 당시 한국에 주둔해 있던 미군 지도부의 영향을 받게 되며 이를 계기로 우리나라 교육과정은 미국 교육과정의 흐름을 따르게 된다.

대한민국 정부 수립 이후 본격적으로 현대적 교과 체계를 갖춘 것은 1954년 제정된 제1차 교육과정 이후이다. 그 이후 지속적 개정을 거쳐 2015 개정 교육과정에 이르기까지 변화해 왔으며 개정을 거쳐 2022년 12월 고시된 2022 개정 교육과정에 이르기까지 변화해 왔다. 유치원 교육과정의 경우 1969년 처음 제정된 후 8차례의 개정을 거쳐 2020년부터 2019 개정 누리과정이 시행되고 있다. 유치원 교육과정은 유아의 생활, 발달, 경험 등을 강조하는 영역으로 구성된 것이 특징이다. 교육과정의 개정에 따른 교과의 주요 변천을 유치원과 초등학교 교육과정에 초점을 맞추어 정리하면 다음 **표 1-1**과 같다.

표 1-1 ▶ 우리나라 유치원과 초등학교 교육과정 개정과 교과의 변천

<table>
<tr><th rowspan="2">유치원 교육과정 영역/주요 변화</th><th colspan="2">구분</th><th rowspan="2">초등학교 교과/주요 변화</th></tr>
<tr><th colspan="2">연도</th></tr>
<tr><td rowspan="2">건강, 사회, 자연, 언어, 예능</td><td colspan="2">제1차 교육과정</td><td rowspan="2">국어, 사회생활, 산수, 자연, 보건,
음악, 미술, 실과</td></tr>
<tr><td>1969</td><td>1954</td></tr>
<tr><td rowspan="2">사회·정서발달, 인지발달, 언어발달,
신체발달 및 건강
– 인지발달과 정서발달 강조
– 학문중심 교육과정의 영향</td><td colspan="2">제2차 교육과정</td><td rowspan="2">국어, 산수, 사회, 자연, 음악, 체육,
미술, 실과
– 사회생활이 사회로 변경됨
– 보건이 체육으로 변경됨</td></tr>
<tr><td>1979</td><td>1963</td></tr>
<tr><td rowspan="2">–</td><td>–</td><td>제3차 교육과정</td><td rowspan="2">도덕, 국어, 사회, 산수, 자연, 체육,
음악, 미술, 실과
– 교과에 도덕이 새롭게 채택됨</td></tr>
<tr><td></td><td>1973</td></tr>
<tr><td rowspan="2">신체발달, 정서발달, 언어발달
인지발달, 사회성발달
– 처음으로 초·중등 교육과정 개정과 함께 개정됨
– 각 발달영역별로 구체적인 내용을 제시함</td><td>제3차 교육과정</td><td>제4차 교육과정</td><td rowspan="2">도덕, 국어, 사회, 산수, 자연, 체육,
음악, 미술, 실과
– 1, 2학년 교과에서 처음으로 통합교과가 도입됨: 도덕, 국어, 사회/ 산수, 자연/ 체육, 음악, 미술을 통합하여 교육함</td></tr>
<tr><td colspan="2">1981</td></tr>
<tr><td rowspan="2">신체발달, 정서발달, 언어발달,
인지발달, 사회성발달
– 각 발달영역별 내용은 제시하지 않고 교육 목표 수준만을 제시하여 교사들이 교육내용을 자율적으로 선정하도록 함</td><td>제4차 교육과정</td><td>제5차 교육과정</td><td rowspan="2">도덕, 국어, 사회, 산수, 자연, 체육,
음악, 미술, 실과
– 1, 2학년의 통합교과는 '우리들은 1학년'과 '바른 생활', '슬기로운 생활', '즐거운 생활'로 편성됨. 국어와 산수는 별도의 교과로 분리됨</td></tr>
<tr><td colspan="2">1987</td></tr>
<tr><td rowspan="2">건강생활, 사회생활, 표현생활,
언어생활, 탐구생활
– 교육과정의 내용이 Ⅰ수준과 Ⅱ수준으로 제시됨</td><td>제5차 교육과정</td><td>제6차 교육과정</td><td rowspan="2">도덕, 국어, 수학, 사회, 자연, 체육,
음악, 미술, 실과
– 1, 2학년의 통합교과는 바른 생활, 슬기로운 생활, 즐거운 생활로 편성되며 국어와 수학은 별도의 교과로 제시됨</td></tr>
<tr><td colspan="2">1992</td></tr>
</table>

<table>
<tr><th rowspan="2">유치원 교육과정 영역/주요 변화</th><th colspan="2">구분</th><th rowspan="2">초등학교 교과/주요 변화</th></tr>
<tr><th colspan="2">연도</th></tr>
<tr><td rowspan="2">건강생활, 사회생활, 표현생활,
언어생활, 탐구생활
– 교육내용을 감축하면서 필수 학습요소를 추출하여 선정함
– 수준별 적절성을 도모함</td><td>제6차 교육과정</td><td>–</td><td rowspan="2">–</td></tr>
<tr><td>1998</td><td></td></tr>
<tr><td rowspan="2">–</td><td colspan="2">제7차 교육과정</td><td rowspan="2">국어, 도덕, 사회, 수학, 과학, 실과(기술·가정), 체육, 음악, 미술, 외국어(영어)
– 초등학교 1학년부터 고등학교 1학년까지의 국민공통 기본교육과정과 고등학교 2~3학년의 선택 중심 교육과정으로 구성됨
– 초등학교 1, 2학년의 교과는 국어, 수학, 바른 생활, 슬기로운 생활, 즐거운 생활 및 우리들은 1학년으로 함</td></tr>
<tr><td>–</td><td>2000</td></tr>
<tr><td rowspan="2">건강생활, 사회생활, 표현생활,
언어생활, 탐구생활
– 2수준의 틀을 유지하면서 수준별 내용 간 차별성과 계열성 강화
– 지도상의 유의점 제시</td><td colspan="2">2007 개정교육과정</td><td rowspan="2">국어, 도덕, 사회, 수학, 과학,
실과(기술·가정), 체육, 음악, 미술,
외국어(영어)
– 초등학교 1, 2학년의 교과는 국어, 수학, 바른 생활, 슬기로운 생활, 즐거운 생활 및 우리들은 1학년으로 함</td></tr>
<tr><td>2007</td><td>2009</td></tr>
<tr><td rowspan="2">신체운동·건강, 의사소통, 사회관계,
예술경험, 자연탐구
– 만 3~5세 보육·교육과정 통합
– 만 3~5세 발달특성을 고려하여 연령별로 구성함
– 유아의 발달과 생활 경험이 통합되도록 5개 영역 구성</td><td>3~5세 연령별 누리과정</td><td>2009 개정 교육과정</td><td rowspan="2">국어, 사회/도덕, 수학, 과학·실과, 체육,
예술(음악/미술), 영어
– 초등학교 1학년부터 중학교 3학년까지의 공통 교육과정과 고등학교 1학년부터 3학년까지의 선택 교육과정으로 편성함
– 초등학교 1, 2학년의 교과는 국어, 수학, 바른 생활, 슬기로운 생활, 즐거운 생활로 함</td></tr>
<tr><td>2013~
2019</td><td>2011~
2016</td></tr>
<tr><td rowspan="2">신체운동·건강, 의사소통, 사회관계,
예술경험, 자연탐구
– 유아중심·놀이중심
– 교사의 자율성 강화</td><td>2019 개정 누리과정</td><td>2015 개정 교육과정</td><td rowspan="2">국어, 사회/도덕, 수학, 과학/실과·체육,
예술(음악/미술), 영어
– 역량중심 교육과정, 교과에 대한 해석이 학습자 중심으로 변화함</td></tr>
<tr><td>2020~</td><td>2017~</td></tr>
</table>

위의 표에서 교육과정의 개정에 따른 교과의 변천과 주요 특징을 살펴보았다. 1차 교육과정부터 2015 개정 교육과정까지 개정되는 동안 사회, 체육, 도덕, 영어와 같이 새로이 채택된 교과가 있고, 보건, 우리들은 1학년과 같이 소멸된 교과도 있다. 또한, 실과가 가정과 기술로 구분되는 등 세분화되어 변천해온 교과도 있다. 이처럼 교육 패러다임의 영향과 국가적, 사회·문화적 필요에 따라 교육과정을 구성하는 내용인 교과의 체계가 변화해 온 것을 알 수 있다.

제4차 교육과정부터 초등 1, 2학년에 통합교과가 도입되었으며, 제7차 교육과정부터는 초·중·고등학교 교과 간 연계성을 강화하는 등 크고 작은 변화가 지속적으로 일어났다. 특히 최근으로 오면서 교과를 교사중심에서 학습자의 행위자성 및 삶과 경험을 강조하여 재해석하는 방향으로의 변화가 일어나고 있다. 이러한 특성은 역량중심 교육과정인 2015 개정 교육과정과 유아·놀이중심 교육과정인 2019 개정 누리과정에 잘 나타난다. 역량중심 교육과정에 대해서는 2장에서 더 자세하게 알아보도록 할 것이며 2019 개정 누리과정에 대한 내용은 2부에서 상세히 살펴볼 것이다.

3. 미래 교과교육의 방향

앞에서 살펴본 것처럼 교과는 사회적 요구와 변화를 반영하여 지속적으로 변화해 왔다. 미래 사회는 변동성, 불확실성, 복잡성, 모호성을 특징으로 하는 세계가 될 것이다(Schleicher, 2019). 이러한 특징을 가지는 미래 사회에는 새로운 의미를 만드는 것이 필수적인 능력이 될 것이며, 이는 역량(competency)이라는 개념으로 설명된다. 역량이란 지식, 기술, 태도 및 가치를 포함하는 총체적인(holistic) 개념으로 단순히 지식과 기술을 습득하는 것만을 의미하지는 않는다(OECD, 2019). OECD는 Education 2030 프로젝트를 통해 변화하는 사회 상황에 맞게 미래에 요구되는 역량을 규명하고 이러한 역량을 함양할 수 있는 교육 실행의 방향을 제시한 바 있다(OECD, 2019). OECD의 역량 증진 교육은 UN이 제시하고 있는 2030 지속가능한 발전 목표(Sustainable

Development Goals for 2030)와 밀접하게 연결되어 있다(OECD, 2019). 지속가능한 발전 목표는 양질의 교육, 웰빙(well-being), 기후 변화를 위한 행동 등 2030년까지 전 세계가 함께 노력해야 할 다양한 차원의 이슈들을 17개의 공동 목표로 담고 있다. 특히, 4번째 목표인 양질의 교육에서는 지속가능한 발전을 위해서 교육이 핵심임을 보여준다(유네스코한국위원회, 2018). 지속가능 생활방식 및 세계시민성 함양을 위한 지식, 기능, 가치, 태도 등이 요구되며 이에 지속가능발전교육과 세계시민교육을 강조하고 있다. 이는 앞으로의 교육이 인지적 차원뿐만 아니라 학습자의 정서적, 의지적, 동기적 요소가 함께 작동할 수 있도록 해야 함을 시사한다.

역량을 증진하는 교육으로 나아가기 위해 중점을 둘 사항을 두 가지로 정리하여 제시하면 다음과 같다.

첫째, 역량중심 교육의 원리를 모든 교과에서 반영할 수 있어야 한다. 실제로 지속가능발전교육과 세계시민교육은 사회교과와 같은 특정 교과뿐만 아니라 범교과 주제로 실행되고 있다(Oxfam, 2015). 모든 교과를 운영함에 있어 미래 지향적 교사는 학습자의 경험을 들여다보고, 구체적인 맥락 속에서 지식을 습득하고, 이를 활용하고, 성찰을 통해 재구성할 수 있는 일련의 기회 마련을 위한 통합적 접근을 고려해야 할 것이다.

둘째, 역량을 증진하는 교육으로 나아가기 위해서 주목해야 할 또 다른 측면은 학생들의 행위주체성(agency)과 공동의 주체성(co-agency)이다. 이는 역량이 교사가 전통적으로 해오던 교수(teaching)를 통해 전수될 수 있는 차원의 것이 아님을 의미한다(OECD, 2019). 학생들은 또래와 교사, 가족과 지역사회에 둘러싸여 있다. 교육은 학생이 자신의 주변 사람이나 사건, 환경에 보다 나은 영향을 미치는 방법을 배우면서 목적 의식과 책임감을 행사하며 성장하도록 지원해야 한다. 행위주체성은 학생의 자기주도성(autonomy)이나 학생의 선택(student choice)을 의미하지만은 않는다(OECD, 2019). 학생들은 자신의 주변을 둘러싼 또래와 교사, 가족과 지역사회와 함께 상호작용을 하며 의미를 만들어가기 때문에 공동의 주체성을 발휘할 수 있다. 미래 교과교육은 학생들이 서로에게 보다 나은 영향력을 발휘할 수 있는 기회들을 제공해야 한다.

요컨대, 교육의 방향이 역량 중심으로 재편되고 있는 만큼 교과 측면에서도 실천을 개념화하고 교과교육을 통해 어떤 역량을 갖추어야 하는지 살펴보아야 한다(양지선, 유태명, 2019). 역량은 지식이나 기술이 아니며, 가치와 태도를 모두 포함하는 개념임을 상기할 때, 앞으로의 교과교육은 무엇을 가르칠 것인가에만 주목하는 것이 아니라 그것을 왜 가르치고, 어떻게 가르칠 것인가를 고민해야 한다. 지속가능성, 세계시민성이 새롭게 강조되는 것처럼 앞으로 우리 사회는 또 다른 새로운 가치가 강조될 수 있다. 현실적으로 그러한 가치를 교과화하여 전부 독립된 교과로 만들기에는 어려움이 있다. 따라서 예비교사가 기존 교과교육체제에서도 학습자의 삶에서 교과와 연결할 수 있는 사건, 상황을 찾고, 그것을 통해 통합적 문제 해결 역량, 협력 역량과 같은 핵심 역량을 증진하도록 지원하는 교육적 선구안을 계발할 수 있는 기회가 제공되어야 할 것이다.

토론해 보자

1. 교육의 패러다임에 따라 교과가 어떻게 다르게 정의되는지 설명해 보자.

2. 우리나라의 교과가 현재와 같은 교과의 모습을 가지게 된 것은 언제부터이며 어떠한 요인들이 영향을 미쳤는지 토론해 보자.

Chapter

2

교과에 대한 다양한 접근

제2장 교과에 대한 다양한 접근

전통적으로 교과는 학습자가 배우고 교사가 가르쳐야 하는 교육과정의 내용으로, 학교는 교과(subject matter)를 중심으로 교육과정을 선정, 조직하여 운영하여 왔다. 그런데 교육과정의 변천과정을 살펴보면, 교육과정이 추구하는 바에 따라 교과의 의미도 달라지고 있음을 발견할 수 있다. 제2장에서는 교육과정의 변천에 따라 교과가 어떻게 변화해왔는지 살펴보기로 한다.

1. 교육과정과 교과

일반적으로 교육과정은 '교과' 단위를 활용하여 학습자가 배우고 교사가 가르치는 내용을 조직하지만, 교육과정이 무엇을 추구하느냐에 따라 선정되는 교육내용에 차이가 있다. 즉, 동일한 명칭의 교과라 하더라도 그에 포함되는 내용은 교육과정의 지향이나 추구하는 바에 따라 다를 수 있다는 것이다. 이 절에서는 교과에 대한 의미를 교과중심 교육과정, 경험중심 교육과정, 학문중심 교육과정, 역량중심 교육과정 등을 중심으로 살펴보고자 한다.

1) 교과중심 교육과정과 교과

교과중심 교육과정은 용어에서 드러나듯 전통적인 교과를 중심으로 교육내용을 조직한다. 이 교육과정에서 교과(subject matter)는 인류 문화적으로 인간의 생존과 발전에 기여해 온 지식이나 사고 양식 그리고 가치가 있다고 여겨지는 경험이나 문화적 내용들이 포함되며, 교과목이라 불리기도 한다(임부연 외, 2013).

이 교육과정에서 교과는 시대와 사회의 요구, 학습자의 필요, 학문적 발달 등 여러 요인의 영향으로 기존 교과들을 분리 또는 통합하며 새로운 교과를 생성하며 변화해 왔다. 예를 들어, 현대 사회의 과학기술의 발달과 사회문화적 가치를 반영하여 기존의 교과들을 분리, 통합하여 컴퓨터 코딩 교과나 다문화 관련 교과들을 포함시키기도 한다(임부연 외, 2013).

또한 교과중심 교육과정에서 교과는 교육대상인 학습자의 필요와 수준에 따라 조직되는 특성을 보인다. 학교 교육과정에서 국어, 수학, 사회, 과학 등은 공통적인 교과로 선정되지만, 학습자의 수준을 고려하여 고등학교의 사회교과는 초등학교 및 중학교 사회교과에 비해 법, 정치, 경제, 사회문화, 지리, 생활과 윤리 등 비교적 세분화된 교과로 조직된다. 이렇게 조직된 교과의 내용은 학습계획과 평가기준으로 편성되어, 교수요목(예: 수업계획서) 작성이나 학습자의 교과내용 성취 기준으로 활용되기도 한다.

교과중심 교육과정의 교과는 가치 있다고 여겨지는 지식들을 논리적이고 체계적으로 조직한 것으로 학습자들에게 필요한 내용을 제공할 수 있다는 장점이 있다. 그러나, 학습자들에게 지식을 전달하는 데 초점을 두기 때문에 학습자의 경험이나 관심에 소홀하게 되고, 창의력이나 사고력 증진에 크게 기여하지 못한다는 단점이 있다.

2) 경험중심 교육과정과 교과

경험중심 교육과정은 학습자의 경험에 가르치고 배울 지식이 포함되어 있다고 보고, 학습자 삶의 경험들이 곧 교육내용이 될 수 있다고 주장한다. 이 입장에서 보면 전통적인 교과들은 사회가 요구하는 내용들을 강조한 나머지 정작 학습자의 삶의 문제를 소홀히 다루고 있다. 더구나 학습자들이 살아가는 사회는 점점 복잡해지고 학문과 기술은 급속도로 발전하기 때문에, 기존의 교과내용만으로는 학습자들의 현재 삶뿐만 아니라 미래를 능동적으로 살아가는 데 부족하다는 것이다. 따라서 학교에서 가르치는 교과는 분절적이고 나열적인 지식과 기술보다는 학습자가 일상적인 경험과 삶에서 적용할 수 있는 내용을 중심으로 통합적으로 조직되어야 한다고 주장한다.

듀이는 교육을 미래 삶을 준비하는 것이 아니라 현재 삶의 과정이라 보고, 학교에서 배우는 교과내용은 '지금 여기'에서 학습자 삶의 일부가 되어야 교육적 경험이자 지식이 될 수 있다고 보았다. 이처럼 교과는 학습자의 경험 속에서만 가치를 갖게 되므로, 학교는 학습자가 교과내용을 사용할 수 있는 학습 상황과 맥락을 제공해 주어야 한다.

듀이에 따르면, 교사의 입장에서 보는 교과와 학습자의 입장에서 보는 교과의 의미는 다르다. 교사 입장에서 교과는 활동을 위한 자원으로 새로운 경험을 발전시키기 위한 내용으로 활용될 수 있다. 체계적이고 논리적으로 짜인 교과는 학습자의 경험을 '해석'하는 도구가 될 수 있으므로, 교사는 아동의 능력, 역량, 태도를 신장시키기 위해 아동의 경험을 교과의 내용으로 이해할 수 있어야 한다. 이에 비해 학습자는 놀이 및 활동 속에 교과지식이 내포되어 있기 때문에 직관적으로 파악하기는 어렵다. 따라서 학습자가 능동적으로 놀이와 활동을 하면서 점진적으로 체계적인 교과의 내용을 경험할 수 있도록 학교와 교사가 '교과의 점진적 조직화'를 제공할 필요가 있다. 즉, 교사와 학교는 교과 그 자체를 직접적으로 가르치기보다는 학습자가 개인적이고 능동적인 경험을 통해 배울 수 있도록 '교과의 심리화'를 통한 학습 상황과 맥락을 조성해 주어야 한다.

듀이의 경험과 교과의 관계

교과의 심리화: 아동의 삶은 정서, 취향, 흥미, 지식, 기술, 태도 등이 통합적으로 얽혀 있지만, 교과는 추상화된 원리와 논리적인 체계로 조직된다. 교과는 교과 그 자체로서 배우는 것이 아니라, 학습자의 개인적인 경험을 통해 배울 때 가장 잘 학습할 수 있다. 이처럼 교과가 경험 그 자체가 되었을 때, 즉 학습자의 경험 속에 교과의 내용이 포함되는 것을 '교과의 심리화'라고 하며, 이때 교과는 삶(경험) 그 자체가 된다.

교과의 점진적 조직화: 지식의 발달과정은 삶의 문제 해결을 위해 응용적(실용적) 지식이 먼저 등장하고, 후에 이론적 지식으로 정리된다. 학습자의 교과지식은 미분화된 인식상태에서 분화된 인식상태로 나아가며 3단계를 거쳐 발달한다.

- 1단계: 직접적으로 수행하면서(learning by doing) 사물에 대한 체험적 지식을 얻는 '놀이와 노작(play and work)' 단계
- 2단계: 언어화된 지식 또는 정보에 대한 이해를 통하여(learning by communication) 의미가 점점 풍부해지며 교양적 지식을 얻는 '지리와 역사(geography and history)' 단계
- 3단계: 이전 단계에서의 경험의 의미가 논리적으로 체계화되는 단계(knowledge as a systemization)로, 원리적이고 일반적인 지식을 얻게 되는 '과학(science)' 단계

출처: 박주희, 양은주(2019), 이경신(2022) 내용을 바탕으로 재구성함.

이처럼 교과의 가치를 새롭게 개념화한 듀이의 주장을 토대로 경험중심 교육과정에서는 유아기 동안 '행함으로써 배운다'는 원칙을 내세우며 학습자의 관심, 흥미, 요구에 따라 활발한 놀이와 활동, 일상생활의 문제들을 해결하면서 전통적인 교과내용들을 통합하여 배울 수 있다는 장점이 있다. 그러나 학습자의 흥미나 요구를 중시한 나머지 체계적인 지식 학습이 소홀하여 학습에 대한 질적 저하가 초래될 수 있다. 또한 학습자들의 일상적인 경험이나 놀이 및 활동을 통해 전통적인 교과의 점진적이고 논리적인 단계를 경험하는지 여부를 알기 어렵고, 교과에 대한 지식이 부족한 교사는 실천하기에 한계가 있다는 비판을 받기도 한다.

3) 학문중심 교육과정과 교과

1957년 러시아(구 소련)가 세계 최초로 우주에 인공위성을 발사하자 미국에서는 학교 교육과정의 질에 의문을 제기하면서 과학기술의 발전과 국가의 경쟁력 강화를 위해 학문중심 교육과정을 제안하였다(양옥승, 2008). 학문중심 교육과정은 그 이전의 교육과정들이 가르쳐야 하는 교과내용을 소홀히 다루었다고 비판하면서, 교육과정은 교과의 학문구조를 밝히고 그것에 준해 실천되어야 한다고 주장하였다.

대표적인 학자인 브루너(Bruner)는 「교육의 과정」에서 교육과정의 기초로 학문구조의 개념 도입을 강력하게 주장하였다. 모든 학문은 그 나름대로의 독특한 지식 구조를 가지고 있으며, 교육은 학습자가 이 구조를 이해하는 데 역점을 두어야 한다는 것이다. 왜냐하면 학문의 구조를 이해한 학습자는 인지발달 수준에 관계없이 모든 지식을 학습할 수 있기 때문이다. 따라서, 학문중심 교육과정에서 교과는 해당 학문의 지식의 구조(본질)를 체계적이고 위계적으로 조직하고, 그 학문의 성격에 적합한 탐구 방법을 통해 학습자들이 그 학문적 구조를 심층적으로 이해하면서 배울 수 있도록 제시된다.

학문중심 교육과정의 교과에 포함되는 '지식의 구조'는 지식의 기본 개념, 기본적인 아이디어, 핵심 개념 등과 같은 의미로 기존의 단편적 사실이나 정보로 구성되었던 교과중심 교육과정의 교과와 차별화된다. 또한 교과의 내용을 전달하는 데 초점을 두었던 교과중심 교육과정과 달리 학습자 스스로 체계적인 지식을 탐구하는 과정인 탐구학습이나 발견학습이 동반되어야 한다고 강조한다. 이를 전제로 할 때 학습자는 탐구학습 및 발견학습을 통해 학문의 지식을 능동적으로 이해하면서 교과의 지식적(학문적) 구조를 학습할 수 있다.

학문중심 교육과정의 교과는 급속히 변화하는 현대사회에서 요구되는 새로운 지식을 접했을 때 전체적인 구조를 통해 지식의 개념을 스스로 탐구할 수 있는 능력을 강조했다는 데 그 의의가 있다(양옥승, 2008). 또한 과학과 기술의 발달로 인해 최근의 학문적 성과와 경향을 반영하는 교과교육(예: 과학)에 유용한 학문적 구조를 제공한다는 이점도 있다. 그러나, 지나치게 지식의 구조에 치중된 교과는 개별 학문의 구조화, 지식의 분절화를 초래하고, 이에 따른 탐구 방법의 개발이 미비하여 학습자의 요구나 특성을 간과할 가능성도 있으며, 정작 학교에서는 교과중심 교육과정과 별다른 차이 없이 지식 위주의 교육내용으로 수용되는 한계도 나타났다(이귀윤, 1996).

4) 역량중심 교육과정과 교과

역량중심 교육과정은 미래사회에서 요구되는 핵심역량 함양을 목적으로, '얼마나 많이 아는가'보다는 '실제 할 수 있는 능력'인 역량 개념을 도입하여 개발된 교육과정을 말한다. 여기서 역량은 미래사회를 성공적으로 살아갈 수 있는 역량으로(OECD, 2005), 역량중심 교육은 지식 습득과 축적에 치중한 종래의 교과교육의 한계를 극복하여 학습자들의 건강하고 행복한 삶을 영위하는 데 필요한 역량을 갖추게 할 수 있다고 보았다. 우리나라의 「2015 개정 교육과정」도 6개의 역량 개념[1]을 공식적으로 도입하여 미래사회가 요구하는 창의 · 융합형 인재 양성을 비전으로 제시하고 2017년부터 초 · 중 · 고등학교에 연차적으로 적용하고 있다.

원래 역량중심 교육과정은 직업교육이나 특정 훈련에서 해당 직무를 성공적으로 수행하기 위해 요구되는 역량을 중심으로 학습경험을 제공한 후 실제 수행을 통해 해당 역량을 성취하였는지 평가하는 교육과정이었다(소경희, 2009). 이러한 역량이 학교교육에 도입되면서 역량의 개념은 모든 사람들이 살아가기 위해 갖추어야 할 일반적인 능력으로 개념화되었다. 이에 따라 학교 교육과정의 분과적인 교과들은 학습자의 역량 함양을 위해 역량중심으로 연계하거나 통합하여 '학습영역' 또는 범교과적 내용이나 주제를 도입하게 되었고(서경혜, 2019), 교과내용은 영역, 핵심개념, 일반화된 지식, 기능으로 체계화되었다[2](이광우 외, 2015).

1) 자기관리 역량, 지식정보처리 역량, 창의적 사고 역량, 심미적 감성 역량, 의사소통 역량, 공동체 역량 등을 말한다.

이처럼 역량중심 교육과정은 교과에 편중되었던 학교 교육과정을 극복하고 학습자의 삶에 필요한 역량을 함양할 수 있는 교육으로 기대받았지만, 역량에 대한 개념, 역량과 교과 간의 관계, 역량을 함양하기 위한 교육과정 실천 등에서 혼란을 야기했다(서경혜, 2019). 예를 들어, 역량은 교과지식을 잘 배우고 가르치면 자연스럽게 길러지는 것인지, 역량을 기준으로 교과지식을 재편성한다고 갖추게 되는 것인지에 대한 논쟁이 벌어졌다. 또한 과학이나 사회처럼 여러 학문에 기반한 교과는 각 학문 고유의 지식체계가 더 강조된 반면 국어, 음악, 미술처럼 기능과 태도가 강조되는 교과는 교과 고유의 특성이 감소되는 현상이 나타났으며, 지식을 활용한 활동중심 수업이 증가하면서 활동을 통한 역량 계발보다는 활동 자체에 치중하게 됨으로써 지식교육이 소홀해진다는 우려도 제기되었다.

최근 OECD(2018)는 '미래교육과 기술: 교육 2030(The Future of Education and Skills: Education 2030)' 성명서를 발표하여 역량중심 교육의 새로운 방향을 제시하였다. 이 성명서는 미래 역량을 '변혁적 역량'으로 특징 짓고 지식, 기능, 태도, 가치 등을 포괄해야 하며, 교사중심보다는 학습자중심, 배움중심의 교육을 지향해야 함을 강조하고 있다(서경혜, 2019). 이러한 방향에 따라 역량중심 교육과정의 교과들은 학습자들의 역량 함양을 위해 배움에서 어떤 의미로 체계화되어 통합되어야 하는지, 그리고 어떻게 실천되어야 하는지에 대한 연구 및 교육과정 개발이 현재 진행 중이다.

요약해 보면, 교과는 교육과정이 추구하는 방향에 따라 그 의미와 내용에서는 차이가 있다. 이러한 차이에도 불구하고 교과는 어떤 교육과정에서든 학습자가 배우고 교사가 가르쳐야 하는 내용들을 조직하는 방식으로 활용되고 있다. 또한, 교육내용의 조직 단위로서 교과는 해당 시기 사회의 변화 및 요구, 국가 및 교육 정책, 학문의 발전 및 동향 등의 영향을 받으며 그 의미가 변화하고 있음을 알 수 있다. 예를 들어

---

2) 영역은 '교과의 성격을 가장 잘 나타내주는 최상위의 교과내용 범주'를, 핵심개념은 '교과가 기반하는 학문의 가장 기초적인 개념이나 원리'를, 일반화된 지식은 '핵심개념을 배우기 위해 학습자가 알아야 하는 보편적인 지식'을, 기능은 '지식을 습득할 때 활용되는 교과 고유의 탐구 과정 및 사고 기능'을 말한다(교육부, 2016).

교과중심 교육과정이나 학문중심 교육과정에서처럼 학습자에게 필요한 지식이나 학문적 구조를 미리 정하여 교과로 구성하여 직접 가르쳐야 하는지 아니면 경험중심 교육과정이나 역량중심 교육과정처럼 학습자 삶에 관심을 두고 학습자의 경험 또는 역량 함양을 위한 활동의 의미를 밝히기 위해 교과의 내용들을 활용해야 하는지 지속적으로 변화하며 현재에 이르고 있다. 따라서 교사는 교육과정을 실천할 때, 이러한 교과의 의미를 고려하여 학습자들의 배움을 위해 교과의 내용을 어떻게 활용해야 하는지 고려할 필요가 있다.

2. 유아교육과정과 교과

위에서 살펴보았듯이, 각 교육과정에서의 교과는 각각의 특징과 의미를 가지고 있다. 그렇다면, 유아교육과정에서는 교과를 어떻게 개념화하고 있을까? 유아들에게도 교과가 필요할까? 필요하다면 어떻게 접근하는 것이 바람직한 것일까? 이 절에서는 유아교육과정에서 교과가 어떻게 이해되고 있는지 살펴보고자 한다.

1) 프뢰벨 유치원과 교과

프뢰벨(Friedrich Fröbel, 1782~1852)은 최초의 유치원(kindergarten)을 설립하여 신성으로 표현되는 인간의 이성을 깨우치는 것을 교육의 목적으로 삼고, 놀이를 중심으로 한 최초의 유아교육과정을 체계화하였다. 프뢰벨에게 교육은 인간 내부에 존재하는 신성을 유아 스스로 계발하도록 돕는 것으로, 이는 인간의 '안'에 있는 신성과 '밖'에 있는 대상물과 소통하는 독특한 방식인 놀이를 통해 이루어진다고 보았다.

이에 프뢰벨은 놀이를 중심으로 유아기에는 노동을 통한 배움과 종교교육을 시작하고 이후 소년기의 학교에서 이루어지는 종교, 자연과학, 수학, 언어, 예술 등의 교육내용으로 연계될 수 있어야 한다고 생각하였다(Fröbel, 1826/2007). 특히, 유아기에는 교육내용을 직접 가르치기보다는 은물을 활용한 놀이, 신체적인 노동인 작업, 게임과 노래, 정원가꾸기, 동물보호하기 등 종교, 수학, 예술, 자연과학 등에 해당하는 내용들이 함축된 놀이와 활동을 중심으로 교육과정을 구성하였다(양옥승, 2008; 이기숙 외, 2017; 조성자 외, 2017).

예를 들어, 은물은 입체, 분할과 조합, 면, 선, 점 등 수학적 내용을 상징화한 것으로 제1은물에서 10은물까지 있으며, 하나의 형태로 구성해 보는 경험을 통해 각 은물의 특징들과 그들 간의 관계를 알게 되면서 전체와 부분 간의 유기적 관계에 대한 이해를 갖게 된다. 이러한 은물을 충분히 경험한 후 유아는 신체적 노동이 정신과 연결되어 있는 작업활동을 하게 된다. 작업활동은 일상생활에서 유용한 활동으로 구멍뚫기, 바느질하기, 그리기, 색칠하기, 매트짜기, 찰흙만들기 등 총 11개 활동으로 구성되어 있다. 또한 예술과 관련된 노래는 주로 원으로 모여 앉아 율동과 손유희를 하였고, 자연과학과 연계되는 정원가꾸기와 동물보호하기는 동식물의 관찰과 자연의 경이에 대한 내용으로 이루어졌다. 이러한 놀이와 활동들을 통해 유아들은 스스로 이성을 깨우치며, 궁극적으로 신과 자연과 인간의 통일의 법칙을 깨닫게 된다고 보았다.

프뢰벨의 교육과정은 기존의 교육에서 강조되었던 암송이나 교리문답 책을 거부하고 수, 자연과학, 언어, 종교 등 전통적인 교과의 내용을 유아의 일상생활과 관련된 작업과 상징적으로 제작한 은물 등 놀이와 활동을 통해 유아들이 자연스럽게 알아갈 수 있도록 조직하였다. 이처럼 프뢰벨이 교과를 직접 가르치거나 또는 교육과정의 단위로 편성, 조직하지 않고, 교과의 내용을 함축하고 있는 놀이와 활동을 단위로 교육과정을 구성했다는 점은 유아교육의 고유한 특징으로 현대 유아교육에도 지속적으로 영향을 주고 있다. 그러나, 프뢰벨의 교육은 신과 인간의 통일이라는 관념론(idealism)적 사고에 뿌리를 두고 있어 놀이와 활동의 상징적 의미를 이해하기 위해서는 유아가 교사의 지시에 따를 수밖에 없는 한계를 지니고 있었다(양옥승, 2008).

2) 진보주의 교육과정과 교과

진보주의의 대표적인 사상가인 듀이(Dewey)에 따르면 교육은 아동의 생활이며, 성장이고, 계속적인 경험의 재구성인 동시에 사회적 과정이다. 듀이는 아동의 사회화를 위한 학교는 전통적인 교과중심의 교육뿐만 아니라 프뢰벨의 관념론적 사고에서 비롯된 상징성을 탈피해야 한다고 강조하였다(양옥승, 2008). 그는 1896년 자신이 재직하던 시카고 대학에 4~5세 유아를 위한 실험학교인 준-초등학교(sub-primary)를 세워 전통적인 교과가 아니라 학습자의 자발적 관심과 흥미를 교육적 가치의 원천으로 삼고, 사회적으로 유용하면서도 현재 아동이 가지고 있는 흥미와 관심을 기반으로 학교를 운영하였다.

듀이는 흥미(interest)의 어원인 '사이에 놓여 있음'을 고려하여, 흥미란 자아와 대상이 하나로 되는 일련의 통일적 활동이며, 자신을 일체화하고 활동에 온 마음을 다하여 몰입되어 있는 것으로 개념화하였다(박주희, 양은주, 2019). 4~8세 유아들은 신체활동에 직접적 흥미와 관심이 많으므로, 놀이의 성격이 강한 활동이면서도 협동과 의사소통을 필요로 하는 '공동작업'을 중심으로 통합적인 교육과정을 구성하였다. 이러한 공동작업은 정원가꾸기, 요리, 직물작업, 목공활동, 연극, 이야기 구성하기, 견학 등 가정에서 일상적으로 일어나는 의·식·주와 관련된 활동이나 가정에 영향을 주는 사회적 관계에 대한 활동들이 포함된다. 유아들은 이러한 활동들을 직접 해보면서 자신의 삶과 가정과 사회와의 상호작용적 관계를 이해할 수 있다. 예를 들어, 정원가꾸기 활동을 통해 유아들은 식물의 성장에 관한 사실들뿐 아니라 자연에 대한 과학적 이해 능력을 성장시키며 현대사회에서의 농업과 원예가 차지하는 의미를 알게 되면서 가정과 사회와의 관계를 이해하게 된다. 이처럼 공동작업 중심의 통합적 교육과정은 활동을 통해 단편적인 교과지식보다는 학습자들의 경험과 관련되는 살아 있는 지식을 제공하려고 하였다(박주희, 양은주, 2019).

출처: 시카고 역사 박물관. Hedrich-Blessing Collection.

그림 2-1 ▶ 1940년대 듀이의 실험학교 교실

이처럼 진보주의 교육과정은 생활과 분리된 전통적 교과를 비판하며 교과의 내용과 아동의 흥미와의 연속성을 강조하였다. 즉 삶으로서 유아의 경험과 학교에서의 전통교과의 내용을 통합하고자 한 것이다. 이러한 듀이의 교과에 대한 접근은 위에서 살펴본 교과의 심리화 및 교과의 점진적인 조직화에 잘 드러난다. 듀이의 실험학교가 학습자의 관심이나 생활 경험을 공동작업 활동으로 조직하여 관련 내용들을 실제로 행하면서(doing) 배울 수 있도록 제안했다면, 듀이의 진보주의를 토대로 한 영유아를 위한 프로그램인 뱅크스트리트(Bank Street) 프로그램은 가족, 우리동네, 교통수단 등 유아들의 삶과 직접적이고 빈번하게 마주치는 관심사를 중심으로 유아들이 살고 있는 환경과의 관계에 대해 경험하며 알게 되는 내용들을 '사회교과'로 통합하고자 하였다.

뱅크스트리트 프로그램은 20세기 초 듀이의 이론을 기반으로 설립된 후, 피아제(Piaget)와 비고츠키(Vygotsky) 등 발달 심리학 이론을 수용하여 운영하는 진보주의 유아교육 프로그램으로 알려져 있다. 이 프로그램에서는 유아를 가족, 지역사회, 문화라는 사회적 힘에 의해 형성되고 영향을 받으며 세상을 경험하는 존재로 보고, 프로그램을 통해 공동체와 민주사회의 본질인 경험, 공동체, 소통, 참여, 관계, 문제 해결 등을 핵심으로 삼고 서로 연관된 경험을 하게 한다(Roopnarine & Johnson, 2009/2010).

출처: https://school.bankstreet.edu/

그림 2-2 ▶ 뱅크스트리트 교실 극화놀이 영역

뱅크스트리트 3~4세 유아를 위한 프로그램은 '사회 및 정서적 학습'을, 4~5세 유아를 위한 프로그램은 '사회교과(social studies)'를 교육과정의 핵심으로 삼고 모든 지식과 경험을 통합한다(Bank Street, 2022). 사람과 환경, 우리가 살아가는 세상과 그 세상에서 우리의 위치 관계를 탐구하는 사회교과는 유아에게 세상에 대한 학습과 이해를 제공하여 공동체의 일원으로서 사회적 환경에 대해 질문하고, 문제를 해결하고, 의미를 이해할 기회를 제공한다. 이는 유아들이 공동체의 일원이자 민주사회의 구성원으로서 성장하기 위해서는 자신뿐만 아니라 삶에서 만나는 사람들의 삶 이야기와 역사, 지역사회와 환경에 대해 인문사회학적 관계로 이해함으로써 자신의 삶과 세계에 대한 소속감을 갖게 하는 것이다.

3세는 자신과 가족에 대해, 5세는 지역사회에서 제공되는 서비스와 직업에 대해 탐색하고 조사하며 경험한 내용을 현장학습 기록지, 그래프, 도표, 차트, 그림, 벽화, 극놀이 등으로 표현해 보면서 이와 관련된 지식(예: 수, 과학, 예술 등)을 재구성하며 통합한다. 뱅크스트리트 프로그램에서 교육의 원천은 유아가 속한 가정과 지역사회에서의 경험으로 자신과 가족에서 출발하여 지역사회의 경험으로 확장된다. 예를 들어, '빵' 또는 '신발'과 같은 주제들은 동네산책이나 현장학습을 통해 만나는 사람들의 모습과 이야기에 교과내용을 통합하게 된다(임부연, 2007; Roopnarine & Johnson, 2009/2010). 이처럼 사회교과는 유아들의 가정과 지역사회의 경험을 통해 다양한 유형의 지식을 다루고 통합하는 교육과정의 중심으로 작동하는 것이다.

진보주의 교육과정에서는 '지금 여기'에 살고 있는 유아들이 가정 및 지역 사회에서 갖게 되는 흥미와 생활 경험들을 지속적으로 재구성하면서 전통적 교과지식들을 의미 있게 활용하며 경험으로 통합하는 데 중점을 둔다. 듀이의 실험학교에서는 공동작업을 그리고 뱅크스트리트 프로그램에서는 사회교과를 중심으로 다양한 교과내용과 경험을 통합하고 있다. 이러한 통합적 운영의 접근에서는 교과를 의도적으로 선정하여 가르치기보다는 유아들의 관심이나 흥미에 기반한 놀이와 활동들을 통해 여러 교과지식들과 기술들을 직접 해볼 수 있도록(doing) 운영한다. 교과에 대한 진보주의 교육과정의 시각은 유아의 생활 경험이 전통적 교과내용과 삶의 지식 및 기술을 통합할 수 있음을 시사하면서 유아교육에서의 배우고 가르치는 교육내용인 교과에 대한 관점을 확립하는 데 크게 기여하였다.

3) 발달이론과 교과

1957년 러시아의 스푸트니크 발사로 미국 교육 부실의 책임이 제기되면서 학문중심 교육과정이 각광을 받게 되었고, 유아교육분야에서는 피아제(Piaget)의 인지발달이론이 부각되기 시작했다. 1965년 미국 정부는 빈곤이 건강뿐 아니라 IQ 저하와 학업성취에 대한 동기를 약화시켜 학습 지체와 청소년 비행을 초래한다고 보고, 빈곤의 악순환을 해결하기 위한 헤드스타트(Head Start) 프로젝트를 발표하였다(이은화, 양옥승, 1988). 이 프로젝트를 위한 다양한 유아교육 프로그램의 개발과 연구에 다수의 발달심리학자들이 참여하면서 여러 발달이론들을 토대로 한 유아교육 프로그램들이 개발되었고 유아교육의 교육내용은 변화하게 된다.

이 시기를 이끌었던 하이스코프 교육과정(High Scope Curriculum)은 빈곤이 교육에 미치는 부정적인 결과를 극복하기 위해 1960년대 피아제의 인지발달이론을 바탕으로 개발

되었으며, 이후 헤드스타트 실행에 큰 영향을 주었다(Roopnarine & Johnson, 2009/2010). 현재에는 피아제 이론뿐만 아니라 비고츠키 이론, 인지발달 심리 연구, 뇌 연구 등을 기반으로, 핵심발달지표(Key developmental indicators)를 개발하여 이 내용을 중심으로 운영되고 있다(High Scope, 2022).

핵심발달지표는 영유아의 발달 단계에 따라 학습 목표와 내용의 연속성을 고려하여 영아용과 유아용이 구분되어 있다. 영아를 위해서는 학습성향, 사회 · 정서발달, 신체발달 및 건강, 의사소통 · 언어 · 문해, 인지발달, 창의적 예술 등 총 6개 영역 42개 핵심지표가 마련되어 있다. 이에 비해 유아를 위한 핵심발달지표는 영아용과 공통적으로 학습성향, 사회 · 정서발달, 신체발달 및 건강, 언어 · 문해 · 의사소통, 예술 영역 등 5개 영역이 있고, 영아용 인지발달 영역을 보다 세분화하여 수학, 과학과 테크놀로지(공학), 사회교육 영역 등으로 구분하여 총 8개 영역으로 구성하고 있다(High Scope, 2022). 교사는 핵심발달지표를 참조하여 유아가 계획–실행–평가한 놀이와 활동을 이해하고, 지원하고, 확장함으로써 발달에 적합한 경험과 성장을 도우며, 발달을 위한 활동을 계획하고 실행한다. 궁극적으로 핵심발달지표는 교실의 학습 경험과 연관되며, 유아를 관찰하고 계획을 세우는 데 활용된다(Roopnarine & Johnson, 2009/2010). 이러한 하이스코프 교육과정 이 외에도 피아제 이론에 기초한 물리적 지식 활동(Kamii & Devries, 1984), 초등학교 학업에서의 성취도를 높이기 위해 행동주의 관점에서도 개발된 디스타(DISTAR) 등 다양한 발달이론을 중심으로 프로그램이 개발되었다.

1980년 중반에 이르러 미국에서 공립유치원 수가 급격히 증가하면서 학업성취도나 인지능력이 중시되고 놀이보다는 교사 주도의 학습이 강조되자, 이에 대응하기 위해 1987년 미국유아교육협회(NAEYC)에서 유아의 '발달적 적절성'을 개념화하여 '출생에서 8세까지의 아동 발달에 적절한 실제'(Developmentally appropriate practice: DAP)를 발표하였다. 이 DAP는 0~8세까지의 아동을 위한 적절한 실제를 신체발달, 사회 · 정서발달, 인지발달, 언어 및 문해발달 등으로 범주화하고, 고려해야 하는 실제로서 발달적으로 적절한 실제와 비적절한 실제를 이분법적으로 제시하였다. 즉 영유아기의 발달에 관한 지식이 영유아에게 적절한 학습 환경과 교육 경험을 준비하고 계획하는 준거를 제공한다고 본 것이다(양옥승, 2008).

그러나, 발달적 적절성이라는 개념의 모호성에도 불구하고 교육 실천으로 그 의미가 확대, 해석되며 발달의 적절성을 학습 준비도로 인식하는 현상이 발생하면서 논쟁이 벌어졌다. 또한 발달에 대한 개념은 서구 백인의 자녀 양육 문화를 반영한 것으로 문화적 다양성을 반영하지 못하고 있으며, 발달 수준에 따라 어떻게 가르쳐야 하는지에 초점을 둔 나머지 무엇을 가르쳐야 하는지 교육적 가치와 의미가 부족하며, 자칫 현재 수준보다 더 높은 발달 수준으로 이끄는 발달과업에 치중할 수 있다는 비판에 직면하였다(양옥승, 2008; Bloch, 1992/2000; Cannella, 1997/2002). 그러자 1996년, 2009년, 최근 2021년 지속적인 개정을 통해 발달과 학습에 영향을 주는 사회문화적 적절성 개념을 추가하고 구체화하기 시작했으며, 맥락의 개념을 개인과 공동체의 문화적 맥락으로 확장하고 고정된 것이 아니라 동적인 의미로 이해해야 함을 강조하고 있다(NAEYC, 2021).

교과에 대한 발달이론적 접근은 발달이론에서 추출한 사회·정서발달, 신체발달, 인지발달 등 전반적인 발달 내용과 언어, 수학, 예술, 과학, 사회 등 전통적 교과에 해당하는 내용도 함께 구성하고 있는 것으로 나타난다. 이는 1960년대 교육개혁을 통해 가난을 극복하려는 헤드스타트 정책과 당시 지배적이었던 학문중심 교육과정이 반영된 것으로(이기숙 외, 2017), 발달 관련 내용뿐만 아니라 교과 혹은 학문적 구조의 내용을 유아들이 배우고 교사가 가르칠 내용으로 구성한 것이다. 즉 발달이론 및 전통교과에서 추출한 내용들이 유아들의 놀이와 활동을 통해 자연스럽게 학습할 수 있는 교육과정의 내용으로 적극 활용된 것이다.

종합해 보면, 유아교육과정은 전통적으로 놀이중심을 추구해 왔기 때문에 국어, 수학, 과학 등 전통적 교과와 무관해 보이지만, 프뢰벨 교육과정에서부터 발달이론적 접근까지 일부 내용은 놀이와 활동에 포함되어 있음을 알 수 있다. 이는 현재 유아교육과정의 교육내용이 교과, 유아의 경험, 유아의 발달 등의 내용을 고려하여 구성하는 데 영향을 주는 것으로 보인다.

3. 유아교육과정에서 교과에 대한 새로운 접근

위에서 보았듯이, 교과에 대한 유아교육과정의 접근은 일반 교육과정과는 다소 차이가 난다. 일반 교육과정에서는 교과를 전통적 교과나 학문적 구조 또는 학습자의 경험이나 역량 등 어떤 의미로 접근하든 간에 공통적으로 교과는 학습자가 배우고 교사가 가르칠 내용을 선정하고 조직하는 형식적 단위이자 의미의 단위로 교과목으로 조직된다. 이에 비해, 유아교육과정에서 교과는 놀이 및 활동과 관련된 내용으로서 관련된다고 볼 수 있다. 즉 유아교육과정에서 교과는 전통 교과 또는 학문적 구조, 발달이론에서 추출된 내용, 생활 경험을 이해할 수 있는 중핵적인 교과 또는 주제(예: 공동작업, 사회교과) 등이 혼재되어 교과, 발달, 생활경험 내용들이 서로 얽히면서 형성되고 있다고 볼 수 있다.

그렇다면 앞으로 유아교육에서 교과는 어떤 모습일까? 최근 유아교육과정 담론에서 유아들이 배우고 교사가 가르치는 교육내용으로서 교과는 어떻게 변화하고 있을까? 유아교육과정에서 유아들의 놀이와 활동을 교과, 발달, 생활 경험 이외에 다르게 이해할 수 있는 접근은 없을까? 이 절에서는 최근 유아교육의 담론을 중심으로 유아들이 배우고 교사가 가르치는 내용으로서 교과를 어떻게 이해하고 있는지 간략히 소개하고자 한다.

프로젝트 접근법(Project Approach)은 전통적 교과 대 진보적 경험, 지식중심 대 아동중심의 논란을 넘어 '활동의 적합성'을 제기하면서 활동은 유아들의 마음(mind)을 완전히 몰입시켜야 한다고 제안한다(Katz & Chard, 2000/2013). 프로젝트 접근법은 '지금 여기서 진짜 살아갈 수 있는 시간'을 보낼 수 있도록 자신이 살고 있는 주변 세상을 더 깊이 이해할 수 있는 관심 있는 특정 주제를 협력적이고 심층적으로 탐구하는 것이다. 유아들은 주제에 관한 궁금증을 해결하는 놀이와 활동 과정에서 지식, 이해, 기능을 연습하고 습득하는 것이 아니라 의미 있게 활용하면서 지적 역량과 사회적 역량을 함양하게 된다. 또한 유아들은 프로젝트의 주제나 사건을 통해 과학, 사회, 언어 등을 분절적으로 배우는 것이 아니라 학문적 내용과 기능을 통합적으로 이해하고 활용함으로써 스스로 유의미하게 배움을 이어간다. 이처럼 프로젝트 접근법에서는 전통적 교과나 학문적 지식들이 유아의 삶의 경험에 통합되어 있는 것으로 간주하며, 지식과 기능들을 유의미하게 활용하는 놀이와 활동을 통해 배움이 일어날 수 있다고 보고 있다. 따라서 프로젝트 접근법에서 교육내용은 유아들이 탐구하는 주제를 중심으로 기존의 전통 교과와 학문의 지식 및 기능들을 통합하는 방식을 채택하고 있다. 이는 경험중심 교육과정의 교과 개념을 재해석하여 적용하는 것으로 볼 수 있다.

한편, 1990년대부터 전 세계적으로 주목을 받고 있는 이탈리아의 레지오 에밀리아(Reggio Emilia) 접근법은 부모 협동 유아원에서 출발하여 시립유아교육체제로 전환한 유아교육기관의 네트워크에서 실행하는 지역 문화 프로젝트(local cultural project)를 말한다(Moss, 2018/2021). 레지오 에밀리아 접근법에서는 유아를 풍부한 잠재력을 지닌 유능한 존재로 보고, 자신을 둘러싼 세상과 능동적으로 관계를 맺으며 자신만의 이론을 구성해간다는 전제에서 출발한다. 따라서 유아들의 배움은 예측 가능하고 점진적인 단계나 절차에 따라 진행되기보다는 다양한 방향으로 동시다발적으로 전개되면서도 동시에 멈추기도 하고 때론 후퇴하는 과정으로 구성된다고 본다(Rinaldi, 2006/2017). 즉 배움이란 미리 정해진 특정 내용을 전달하거나 재생산하는 것이 아니라 유아들이 세상과의 만남을 통해 관계를 맺어나가면서 의미를 구성하는 것이다(Dahlberg, Moss & Penn, 2013/2016).

레지오 에밀리아에서는 교사의 교육계획보다 유아들의 발현적인 놀이 또는 프로젝트가 중요한 교육과정의 요소로서 발현적 교육과정 또는 맥락적 교육과정이라 불리기도 한다. 교사는 유아들이 가진 100가지의 언어에 귀 기울이며 유아들의 배움의 과정을 시각화하는 기록작업(documentation)을 통해 지식의 구성 방식이나 그 의미를 탐색한다. 이 과정에서 교사는 학문과 교과에서 개념화한 특정 방식의 지식 및 의미에 끊임없이 질문하면서 유아들과 공동으로 지식 및 문화를 창조하는 공동 참여자로서 역할을 수행한다(Rinaldi, 2006/2017).

이처럼 레지오 에밀리아에서 배움은 유아들이 세계를 이해하고 관심 있는 현상에 대해 의미를 창조하면서 생성되고 소멸하며 협력적으로 구성되는 경험 그 자체로 본다. 이에 대해 교사는 교과 또는 학문적 지식의 경계를 넘나들며 유아들의 지식과 경험에 얽혀져 있는 상징체계의 의미를 이해하고 학습 환경의 네트워크 형성을 지원한다(Rinaldi, 2006/2017). 이렇게 볼 때 교과에 대한 레지오 에밀리아의 접근은 유아와 교사 각 입장에서 다소 다르다고 할 수 있다. 유아의 입장에서 교과는 특정한 순서나 과정으로 배우고 학습하는 것이 아니라 세상을 이해하며 창조한 언어로 자연스럽게 표현하게 되지만, 교사에게 교과는 유아들의 배움, 즉 유아들의 100가지 언어의 의미에 대한 성찰을 돕는 일종의 참조체계라고 할 수 있다.

이러한 프로젝트 접근법과 레지오 에밀리아에서 교과는 유아들의 놀이 내용이자 방법으로 놀이 그 자체와 구분하기 어렵고 유아의 경험과정에 포함되어 있다고 볼 수 있다. 이는 놀이가 유아의 삶이자 앎이라고 보는 「2019 개정 누리과정」과 같은 맥락이다. 놀이중심 교육과정을 지향하는 개정 누리과정에서는 유아가 놀이를 통해 즐겁게 경험하며 5개 영역의 교육내용을 배울 수 있다고 하였다(교육부, 보건복지부, 2019). 즉 학습자인 유아가 주도하는 놀이를 통해 유아가 배우고 교사가 가르쳐야 하는 내용인 교과를 배울 수 있다는 것이다. 예를 들어, 어느 날 유아가 바깥놀이에서 우연히 꿀벌을 관찰하면서 꿀벌에 관심을 갖게 되었다. 유아는 교사와 함께 꿀벌과 관련된 책을 읽어 보면서 꿀벌의 의사소통 방식을 알게 되고, 이를 신체로 표현하며 놀이한다(교육부, 보건복지부, 2019). 이 놀이를 경험하면서 유아는 동식물에 대해 관심을 가지며 꿀벌에 대해 배우게 된다. 이처럼 유아들은 세상에 대해 생각하고 배우며 놀이하고 다시 배우고 탐구하는 끊임없는 과정으로 교육의 과정을 구성해 나가면서 다양한 전통 교과나 학문적 지식과 기능들을 놀이 속에서 경험하며 자연스럽게 배우게 된다.

따라서 교사는 유아들의 놀이 경험을 객관적으로 파악할 수 있고 예측할 수 있는 교과내용을 넘나들며 다양한 방향으로 뻗어 나가면서 놀이의 의미를 이해할 수 있을 때 융통성 있는 놀이 지원이 가능하다. 예를 들어, 위의 꿀벌놀이에서 교사는 과학, 언어, 동작교육 등 교사양성과정에서 배우는 유아교과교육의 내용 또는 「2019 개정 누리과정」의 자연탐구 영역을 비롯한 59개의 내용과 관련지어 놀이 경험에서의 배움과 의미를 읽어낼 수 있다. 이 외에도 꿀벌이나 곤충과 관련된 유아들의 경험이나 사전 지식 등을 알게 된다면 유아들의 배움과정을 좀 더 깊고 넓게 이해하고 그에 적합한 지원을 차이화할 수 있을 것이다.

위의 프로젝트 접근법, 레지오 에밀리아, 2019 개정 누리과정에서처럼 유아의 경험이나 놀이에 유아들이 배워야 하는 내용이 통합되어 있다고 보는 경향은 더욱 확산되고 있다. 예를 들어, 뉴질랜드, 호주, 일본 등의 국가수준 유아교육과정에서는 전통적인 교과의 내용을 놀이나 활동을 통해 가르치는 내용이 아닌 유아의 삶과 앎에서 어떻게 구현되는지 이해하는 데 초점을 두어, 교사가 이를 파악하고 장려하는 환경을 제공하는 중요성을 강조하고 있다. 이에 따라 뉴질랜드 국가수준 교육과정은 행복감(well-being), 소속감, 기여, 의사소통, 탐색 등이 교육내용인 요소(strands)로 조직되어 있고(The New Zealand Ministry of Education, 2017), 일본 국가수준 교육과정도 유아교육에서 기르고 싶은 자질과 능력을 유아의 생활 모습으로부터 파악하여, 건강, 인간관계, 환경, 언어, 표현 등 5개의 내용 영역으로 제시하고 있다(文部科学省. 2017).

이러한 국내·외의 교육내용에 대한 동향은 유아의 배움에 대한 인식과 유아교육과정에서의 교육내용에 대한 인식의 변화를 촉구하고 있다. 유아의 전인적 성장과 발달을 위한 배움은 이후 학교 준비를 위해 필요한 내용을 놀이와 활동으로 의도적으로 고안하여 학습하기보다는 유아들이 행하는 경험 및 놀이를 통해 세상에 대한 관심과 궁금증을 펼쳐나갈 때 더 잘 이루어진다고 본다(Sellers, 2013/2018). 따라서 교사는 유아와 배움을 함께 구성해 나가는 교육과정 생성자(curriculum maker)로서 전통적 교과의 의미와 어제의 배움의 과정을 늘 새롭게 생성해내며 만들어가는 교육과정을 수행할 필요가 있다. 유아교육과정에서 유아가 배우고 교사가 가르치는 내용은 학교 준비를 위한 전통적인 교과의 내용을 포함하여 유아의 생활세계에 근거하여 삶을 위한 배움으로 다양하게 이해되고 새롭게 구성될 필요가 있다.

토론해 보자

1. 내가 배웠던 교과는 어떤 접근에 적용되는지 생각해 보고, 어떤 장단점이 있는지 설명해 보자.

2. 유아들의 경험 및 놀이에 나타나는 교과의 의미는 다양하게 이해될 수 있다. 교과에 대한 유아교육과정의 다양한 접근을 활용하여 설명해 보자. (유아들의 경험과 놀이는 EBS의 '놀이의 기쁨' 프로그램을 참조해도 좋다.)

Chapter

3

유아교과교육의 특성과 이해

제3장 유아교과교육[1]의 특성과 이해

본 장에서는 유아교과의 특성과 현황을 살펴보고 전반적으로 유아교육에서 교과교육이 가지는 성격을 이해하는 것에 초점을 둔다. 유아교과교육은 교과중심의 교육을 하는 초등학교 교육에 비해 교과가 표면적으로 잘 드러나지 않는 특성을 가지며 이는 유아교과교육을 명확하게 이해하는 데 어려움을 주고 있다. 유아교육에서 교과가 명료하지 않은 것은 유아들의 발달특성에 기반한 것이고 오랫동안 교과를 직접적으로 가르치지 않고 통합적 방식으로 운영해온 유아교육과정의 특성에 기반한 것이다. 또한 유아교사는 유아교육에서 교과를 직접적으로 가르치지 않는다는 것의 의미와 유아교사가 교육과정과 연계되어 있다는 특성을 주의하여 이해하여 현장에서 잘 운영해 가는 전문성이 필요하다.

1) 본 장에서 '교과'와 '교과교육'을 문장의 맥락에 따라 혼용하여 사용하고 있는데 일반적으로 '교과'는 국어나 수학처럼 교과목을 지칭할 때 사용하고, '교과교육'은 학교에서 교과를 가르치는 방식을 의미할 때 사용하였음을 밝힌다.

1. 유아교과교육의 특성

1) 유아교육에서 교과[2] 이해

유아교육에서 교과교육을 이해하는 방식은 다양하다. 그만큼 유아교과교육에서 교과가 무엇을 의미하는지에 대한 해석의 차이가 있기 때문이다. 본 책의 1장과 2장에서도 살펴보았듯이 교과란 전통적으로 '국어'와 '수학', '사회' 등 중요한 지식을 유형화한 지식의 묶음을 의미한다고 본다. 즉, 유아교육에서도 교과란 학교에서 무엇을 가르치고 배우는지를 어른들이 편리한 방식대로 묶어놓은 단위로 보고, 또 역사 속에서 인류에게 필요한 지식이 자연스럽게 발현되어 전승되는 방법에서 탄생한 것으로 이해하는 것이 필요하다. 그러나 지식의 묶음으로 본다면 학교에서 지식을 가르치는 방식은 꼭 과학과 수학, 사회 교과를 통하지 않고도 할 수 있고, 사회 변화에 따라 필요한 지식이 더 요구될 수 있으므로 고정된 교과보다 다양한 교과가 등장할 수 있음을 아는 것도 필요하다. 예를 들면 현대사회에서는 국어와 수학같이 변하지 않는 교과도 있지만 과거에 있지 않은 '안전교육'이나 '컴퓨터교육'같이 새롭게 등장하는 교과도 있다.

따라서 유아교육에서 교과교육도 초·중등학교에서 운영하는 교과의 명칭에 기반하여 유아언어, 유아수학, 유아사회, 유아과학, 유아음악 등의 교과들이 있고 특히 유아교사 양성과정(대학에서 예비유아교사를 교육하는 과정)에서 교육과정은 이러한 교과를 중심으로 운영하고 있다. 그러나 유아교육기관의 현장과 국가수준 교육과정에서는 영유아에게 지식을 가르치고 배우는 방식이 꼭 '교과'이어야 한다고 보지 않고, 오히려 5개 영역을 더 강조하기 때문에 유아교육현장, 즉 유치원과 어린이집에서 교과는 직접적으로 가르치지 않고 다만 5개 영역과 연계하여 이해하는 것이 필요하다. 이러한 유아교육에서 교과교육이 가지는 의미는 초·중등학교 체제에서의 교과교육과 다

2) 본 교재에서 교과는 일반적으로 수학, 국어, 사회와 같은 초등학교 교과과목을 의미하고, 유아교육에서는 이와 같은 교과를 직접적으로 가르치지 않으며, 교육내용을 5개 영역으로 조직하는 특성을 가진다.

른 의미체계가 있고, 따라서 유아교육분야에서 교과교육을 이해하고 운영하는 방식도 다양하고 고유한 특성이 있음을 이해하는 것이 중요하다.

2) 유아교육에서 교과교육의 다양한 운영방식 이해

유아교육에서 교과교육을 운영하는 방식은 다양하며, 유아교육기관 현장, 예비유아교사양성과정, 그리고 국가수준 유아교육과정(누리과정)에서 교과를 이해하는 방식에도 차이가 있다. 이를 정리해 보면 다음과 같다.

① 유아교사양성대학의 교육과정에서 유아교과교육은 '유아언어', '유아수학', '유아미술' 등의 교과를 의미한다. 예비유아교사는 유아교과교육을 초등학교 교과교육에 '유아'를 붙여서 모두 교과를 중심으로 배우고 있다.

② 국가수준 유아교육과정에서는 '교과'를 5개 영역의 교육내용에 교과지식이 반영되어 있다고 본다. 예를 들면, 의사소통영역은 '유아언어'가 예술경험은 '유아음악', '유아미술', '유아동작' 교육이 반영되어 있다고 보는 방식이다.

③ 유아교육기관, 즉 유치원이나 어린이집에서는 누리과정에 근거하여 교육과정이 운영되므로 5개 영역을 중심으로 교육과정을 운영한다고 볼 수 있고, 교과는 직접적으로 교육내용으로 보거나 가르치지 않고 있다. 즉, 유아교육현장에서 학습자인 유아의 특성상 교과나 5개 영역이 하루 일과에서 표면적으로 나타나지는 않는다. 유아교육기관 현장에서는 대학에서 배우는 유아언어나 유아수학과 같은 교과도 표면적으로 드러나지 않으며, 국가수준의 교육내용인 5개 영역도 일과시간에 표면적으로 드러나지 않는다. 유치원과 어린이집에서 하루 시간표는 놀이, 생활, 활동을 중심으로 편성되며 이는 유아가 쉽게 이해할 수 있는 간식, 놀이, 화장실다녀오기, 바깥놀이, 동화듣기 등과 같은 방식으로 운영된다.

이렇게 유아교육에서 유아교과교육을 이해하고 운영하는 방식에는 차이가 있으며, 특히 대학에서 예비유아교사는 교과교육을 중심으로 배우지만 유아교육현장에서는 그러한 교과를 직접적으로 가르치지 않을뿐더러, 하루 일과에서도 표면적으로 드러나지 않고 있다. 다만 유아교육현장에서 교과는 국가수준 교육내용인 5개 영역과 연계되어 있고, 유아가 놀이와 생활을 통해 배우는 것으로 간주한다는 특성을 가진다.

이를 비교하여 표로 정리해 보면 표 3-1과 같다.

표 3-1 ▶ 유아교과교육의 다양한 운영방식

유아교육에서 교과교육의 다양한 운영방식		
유아교사양성대학 교육과정	국가수준 유아교육과정	유치원 하루 일과
교과중심	영역	놀이, 생활, 활동
유아교육개론 영유아발달 유아교육과정 유아수학*, 유아언어* 유아사회* 유아미술*, 유아음악* 유아동작* 유아문학* 유아건강교육* 유아부모교육 교육실습	신체운동 · 건강 의사소통 사회관계 예술경험 자연탐구	등원 자유놀이 간식 및 정리정돈 미술 점심 바깥놀이 동화듣기 노래부르기 귀가
교과로 편성하여 가르침	경험해야 할 내용으로 구성함	교과로 직접 가르치지 않음
*표시를 유아교과교육으로 간주함	5개 영역과 교과가 부분적으로 연계되어 있다고 봄	일과 속에서 유아가 암묵적으로 교과를 경험하고 배우는 것으로 간주함

3) 유아교육에서 교과교육의 특성

이러한 유아교과교육의 특성을 좀 더 구체적으로 살펴보면 다음과 같다.

(1) 유아교육에서 교과교육은 적합하지 않으며 경험과 놀이를 통해 배움을 강조하고 있음

먼저 유아교육에서는 교과를 직접적으로 가르치지 않고 있다. 즉 일반적으로 교과교육이라고 하는 국어, 수학, 사회, 자연 등과 같은 교과를 초등학교처럼 단위시간으로 편성하여 직접적으로 가르치지 않는다는 것이다. 이는 유아기의 고유의 발달특성과 놀이로 배우는 유아기의 삶의 특성을 존중하여야 하기 때문이다. 또한 유아기, 너무 이른 나이에 한글이나 수학, 과학 같은 지식을 직접적으로 배우는 것이 어린이의 성장발달에 도움이 되지 않을 뿐 아니라 오히려 전인적 성장을 왜곡시킬 수 있다는 우려가 많다는 오랜 학문적 검토에 기반한 것이기도 하다. 어린 시기의 인간은 풍부한 감각과 직접적 체험을 중심으로 배워가기 때문에 교과지식을 빨리 배우기보다, 직접적 경험을 풍부하게 하여야 하고 놀이를 통한 배움이 가장 적합하다. 놀이는 유아기에 풍부한 감각을 직접적 체험을 통해 경험하도록 하며 유아가 자연과 우주, 사회와 주변 세계와 가장 친밀하게 관계를 맺는 방식이기 때문이다. 따라서 유아교육에서 교과교육의 가장 큰 특성은 초등학교 교과지식을 직접적으로 가르치거나 교육내용으로 편성하여 운영하지 않는다는 것을 이해하는 것이다.

(2) 유아교육에서 교과는 표면적으로 드러나지 않음

또한 유아교육에서 교과는 표면적으로 뚜렷이 드러나 있지 않고 유아의 일상적 경험 속에 숨겨져 있는 것이 특징이다. 유아교육에서 교과는 직접적으로 가르치는 방식을 채택하지 않고 있지만, 교과교육의 내용을 전혀 다루지 않는 것은 아니다. 앞에서도 언급하였지만 교과는 인류 지혜의 총체이기도 하고 앞으로 살아갈 인류에게 필요한 자원이기도 하다. 다만 유아기 어린이는 초등학생처럼 교과지식을 읽고 쓰는 방식으로 학습하지 않고 놀이를 통해 경험하며 배우게 되므로, 교과의 내용이 초등학교의 시간표나 교과서처럼 명료하게 드러나 있지 않고 숨겨져 있다. 왜냐하면 교과는 지식을 조직한 내용으로 읽고 쓰는 능력, 즉 문해력이 우선되어야 하지만, 유아기에는 아직 읽고 쓰는 문해력을 습득하지 않기 때문에 직접적으로 가르치기에 적합지 않다. 그럼에도 불구하고 유아들은 일상생활에서 교과를 자연스럽게 경험하고 놀이 속에서 발현적으로 배우기도 한다. 마치 간식시간에 방울토마토를 세어 보거나 놀이시간에 딱지를 세어보는 것과 같이 교과지식을 경험할 수 있다. 그러나 교사가 직접적으로 숫자를 쓰며 셈하기를 가르치지는 않고 있다. 즉, 유아기는 교과를 직접적으로 가르치지 않아야 하지만, 유아교육과정과 교과교육이 암묵적으로 연계되어 있음을 이해하는 것이 유아교과교육의 이해에서 중요하다.

(3) 유아교육에서도 교과는 교육내용과 연계되어 있음

그렇다면 유아교육에서 교과는 어떻게 연관되어 있는 것인지를 이해하는 것도 중요하다. 일반적으로 학교교육에서 교과교육이란 교육내용, 즉 학습자가 무엇을 배울 것인가를 선정하는 방식을 말한다. 유아교과교육도 유아가 가장 적합하고 적절하게 배우는 교육내용을 선정하여야 하고, 이를 5개 영역으로 선정하고 조직하고 있다. 즉, 유아교육에서 교육내용을 반드시 국어, 수학, 과학과 같은 교과목의 명칭대로 조직할 수 없는 관계로, 유아기 고유의 특성에 맞도록 5개 영역으로 교육내용을 선정하고 조직한 것이다. 누리과정은 5개 영역의 내용을 '유아가 경험해야 하는 내용'으로 규정하고, 유아교육에서 교육내용을 교과가 아닌 유아의 경험으로 이해할 것을 강조하고 있다. 경험은 유아의 놀이와 일상생활의 경험 전체를 말하는 것으로 유아가 직접적으로 체험하며 배운다는 의미이며, 교과는 경험을 지식으로 전환하여 추상적으로 배우는 방식임을 이해할 때, 경험과 교과지식의 차이를 수월하게 이해할 수 있다. 즉, 놀이와 경험은 교과처럼 추상적으로 가르치고 배우는 것이 아니라, 유아가 스스로 감각적 체험을 통해 세계를 이해하고 배워 나감을 의미한다. 교과의 내용도 세계와 자연, 우주, 인간과 사회에 대해 배워나가는 내용을 의미한다는 측면에서 유아의 경험세계를 조직한 5개 영역과 연계되어 있다고 봐야 한다. 유아교육과정에서 5개 영역은 유아와 가장 친숙한 생활, 발달, 그리고 교과의 경험이 모두 함께 구성되어 있다. 따라서 5개 영역과 유아교과교육의 연관성을 '교육내용'을 중심으로 이해하는 것이 도움이 된다.

(4) 유아교과교육은 5개 영역 안에 스며들어 있음

유아교육에서 교과는 오히려 5개 영역과 깊은 연관성을 가진다. 영역은 유아교육에서 교육내용을 비슷한 내용끼리 묶는 방식으로 현재 유아교육과정인 누리과정은 교육내용으로 5개의 영역 즉, 신체운동·건강, 의사소통, 사회관계, 예술경험 및 자연탐구를 제시하고 있고 내용은 총 59개이다. 이 59개의 내용은 유아의 발달, 생활, 교과가 모두 포함되어 있고, 모든 교육내용이 교과지식을 의미하지는 않는다. 따라서 유아교육에서 교과는 이 5개 영역 안에 부분적으로 분포되어 있고 명료하게 드러나기보다 통합적으로 스며들어 있다고 볼 수 있다. 이는 유아교육에서 교과교육의 고유한 특성이므로 교과지식과 59개 내용을 일대일의 관계로 이해하기보다는 통합적으로 연계하여 유연하게 이해하는 것이 중요하다.

(5) 교과는 교사가 알고 있되 유아를 지원하기 위해 활용할 수 있음

유아교육에서 '교과교육'은 직접적으로 가르치지는 않지만 교사는 교과지식의 내용을 알고 있을 필요가 있다. 다시 말해 유아교사는 교과가 무엇인지, 왜 중요한지를 알고 있을 때 유아의 경험 속에서 배움을 읽고, 유아의 현재 삶과 앎의 방식을 더 잘 이해할 수 있으며, 유아의 배움을 더 확장해 가도록 도울 수 있다. 교과는 인류가 여러 세대를 거치며 경험적으로 매우 중요하고 필요한 경험을 다음 세대에게 전수하고자 논리적으로 조직해 놓은 지식이라는 점에서 중요하고, 다만 유아의 발달특성상 '경험적으로 배우도록' 지원해야 한다. 교사가 교과지식을 알고 있는 것은 유아의 현재 경험을 이해하고 더 새로운 경험으로 나아갈 수 있도록 지원하는 참조지식이 되기 때문이다.

예를 들면 유아들은 놀이 속에서 '양말을 벗으면 블록으로 만든 수레를 밀 때 미끄러지지 않고 더 잘 밀 수 있다'라는 경험을 하지만, 유아교사가 '마찰'과 '물리적 힘'이라는 특성을 이해하고 있다면 유아놀이 속에서 유아가 과학적 내용을 경험하는 것을 알게 되고, 유아를 이해하는 데 도움이 된다. 또한 유아의 흥미와 관심, 배움을 더 풍요롭게 지지하고 지원해 줄 수 있다. 그러나 유아에게 교과지식을 직접 설명하고 가르치고 것은 쉽지 않기 때문에 이를 개념적 질문이나 설명하기로 가르치기보다 다양한 지원, 예를 들면 마찰이 다른 다양한 바닥자질 위을 걷거나 달려보는 경험으로 확장해가는 지원을 할 수 있다. 즉, 유아교과지식은 유아의 경험과 배움을 잘 이해하기 위하여 교사가 알고 있어야 할 지식이지만, 유아의 배움을 확장하는 데 활용할 수 있다. 그러나 맥락에 상관없이 유아에게 직접적으로 가르치지 않도록 유의할 필요가 있다는 점이 중요하다.

(6) 유아교육에서 교과는 경험, 지식의 심리적 조직에 가까움

학교교육에서 학습자의 경험과 교과교육에 관심이 높았던 교육학자인 듀이(Dewey, 1945)는 유아가 배우는 교과지식은 '심리적 조직'에 가까운 것이어야 함을 강조하였다. 듀이에게 교과는 필요한 지식을 논리적으로 체계화하여 조직해 놓은 '논리적 조직'을 말한다. 예를 들면 '일출'이나 '일몰'의 개념은 지구에서 위도와 경도에 따라 다르고, 계절과 절기에 영향을 주는 것으로 점진적으로 빠르거나 느려질 수 있다(교과지식). 그러나 이는 인간이 오랫동안 해가 뜨고 지는 경험을 하면서 수없이 많은 감각적 체험과 상념, 느낌이나 아름다운 인상 등이 축적된 심리적 경험에 기반한 것이다. 따라서 인간이 체험하며 겪은 경험적 지식은 인간의 내적 심리에서 작동하는 것으로 심리적 조직으로 보고, 이를 인간의 마음에서 떼어내어 과학적 원리와 언어로 조직해 놓은 것으로 인간의 경험을 논리적으로 조직하는 방식을 교과지식으로 볼 수 있다. 즉 교과의 논리적 조직이란 개념이나 지식, 언어로 추상적으로 지식을 구성한 것이고, 심리적 조직이란 직접적으로 체험하며 겪는 내용을 의미한다.

표 3-2 ▶ 교과의 논리화

교과의 논리화	
경험	개념지식
심리적 경험	논리적 조직
놀이	언어적 지식
경험	개념
직접체험	추상적

위의 표 3-2에서 볼 수 있듯이 경험이 직접적으로 체험하는 것이라면, 교과는 개념적으로 추상화한 지식이라고 볼 수 있다. 즉 학습자에게 경험의 심리적 조직이란 직접 체험하여 많은 감각이나 감성을 직접 느끼는 상태를 말하고, 논리적 조직이란 말이나 기호(언어와 수학 등)로 추상화하여 직접적으로 느끼는 것이 아니라 인지나 생각으로 이해하는 것을 말한다. 이러한 점에서 유아들은 세계를 경험하며 배우므로 교과의 심리적 조직에 가장 가까운 시기임을 알 수 있다. 심리적 조직으로 교과를 이해하는 유아들은 세계를 모두 이렇게 직접 경험하고, 느끼고 감응하며 배우게 된다는 점에서 추상적인 교과지식을 배우기 힘들다. 이러한 연유로 유아교과교육은 유아에게 표면적이고 직접적으로 가르치지 않고, 유아가 심리적으로 직접 느끼며 감응하도록 경험을 통하여 배울 수 있게 도와주어야 한다. 유아교육기관 현장에서도 유아교과를 일과시간표의 편제단위로 보지 않으며, 유아의 일상생활과 놀이를 통해 자연스럽게 심리적으로 배우도록 하는 이유도 이러한 원리를 반영한 것이다.

유아교육에서 교과는 초등학교 교육과정의 조직 단위인 국어, 수학, 사회 등의 교과를 개념이나 설명법으로 가르치지 않도록 유의할 필요가 있다. 유아기는 교과의 논리적 조직인 교과지식을 유아가 추상적으로 배우기에 적합하지 않기 때문이다. 오히려 유아기의 특성을 고려하여 경험적이고, 유아의 심리에 가깝게 조직하여 유아가 놀이를 통해 배울 수 있도록 도와주어야 한다. 또한 교과지식이란 단순히 어려운 개념을 언어를 통해 적어 놓은 지식덩어리가 아니라, 유아의 경험을 확장해주고, 미래

세대를 살아갈 유아가 사회가 요구하는 지식을 체험하고 배울 수 있는 방식이 될 수 있도록 유아에게 적합한 경험으로 이해할 필요가 있다. 유아교사가 유아에게 필요한 교과지식을 알고 있어야 하지만, 직접적으로 가르치지 않고, 간접적으로 다양한 체험, 감각, 즐거운 놀이, 맥락에 기반하여 배울 수 있도록 참고해야 한다.

2. 누리과정 5개 영역과 유아교과교육 관계 이해

이러한 유아교육에서 교과는 유아교육과정의 교육내용인 5개 영역과 연계하여 이해해 나가는 것이 가장 적절하다. 이를 체계적으로 살펴보면 다음과 같다.

1) 누리과정 5개 영역과 경험으로서 교육내용

교과는 초·중등학교 교육과정에서 교육내용을 조직하는 방식이다. 유아교육과정은 교육내용을 5개 영역으로 조직하는 특성이 있다. 표 3-3에서 누리과정 고시문 구성의 중점을 보면 5개 영역에 관한 것으로, 누리과정은 교육내용을 신체운동·건강, 의사소통, 사회관계, 예술경험, 자연탐구 5개의 영역으로 구성하고 있음을 규정하고 있다. 즉 유아교육과정에서는 '유아가 배우기를 기대하는 교육내용'을 편의상 5개의 영역으로 나누어 묶어 놓았으며, 5개 영역의 내용은 3~5세 유아가 경험을 통해 배우기를 기대하는 교육의 내용을 선정하여 조직한 것으로 설명하고 있다.

여기서 교육내용을 선정하고 조직하는 방식은 교육과정의 구성과 실행에서 매우 중요한 것으로 교과로 조직하는 방식도 있고, 유아교육처럼 5개 영역으로도 조직할 수 있음을 융통성 있게 이해할 필요가 있다. 일반적으로 교과교육은 초등학교에서부터 시작된다고 볼 수 있고, 유아교육은 교과교육을 직접적으로 가르치는 데 어려움이 있어, 이를 경험을 강조하여 5개 영역으로 조직하였다고 볼 수 있다.

표 3-3 ▶ 누리과정 고시문 구성의 중점 사항

> **3. 구성의 중점**
>
> 누리과정 구성의 중점은 다음과 같다.
>
> 가. 3~5세 모든 유아에게 적용할 수 있도록 구성한다.
> 나. 추구하는 인간상 구현을 위한 지식, 기능, 태도 및 가치를 반영하여 구성한다.
> 다. 신체운동·건강, 의사소통, 사회관계, 예술경험, 자연탐구의 5개 영역을 중심으로 구성한다.
> 라. 3~5세 유아가 경험해야 할 내용으로 구성한다.
> 마. 0~2세 보육과정 및 초등학교 교육과정과의 연계성을 고려하여 구성한다.

출처: 2019 개정 누리과정 고시문

2) 유아의 경험과 교과지식 관계

표 3-3에서 유아교과교육과 관련하여 주목해야 할 부분은 '라' 항이다. 누리과정은 국가수준 유아교육과정으로서 고시문의 '구성의 중점'에서 5개 영역을 유아가 경험하는 내용으로 규정하고 있다. 따라서 유아의 경험과 5개 영역, 교육내용과 교과교육은 매우 밀접한 관계가 있다. 2장에서도 살펴본 바와 같이 교과가 교육내용의 논리적 조직에 가까운 것이라면 학습자의 경험은 교과의 심리적 조직에 가까운 것이다. 즉 경험과 교과는 무관한 것이 아니라는 점을 이해하는 것이 중요하다. 유아는 교과를 추상적 언어나 개념으로 배우지 않고 직접 체험하며 세계를 배운다는 점에 주목하여, 유아교육에서 교육내용을 교과의 심리화를 반영하여 '경험하는 내용'으로 규정하고 있음을 알 수 있다. 따라서 유아교육과정에서 5개 영역은 유아가 경험하는 교육의 내용이며 동시에 교과의 심리화에 가깝다. 따라서 교사는 교육내용을 유아가 이해하기 어려운 논리적인 언어나 개념으로 가르치기보다는 유아가 직접 경험하도록 도와주어야 한다.

표 3-4 ▶ 심리적 조직으로서 5개 영역과 논리적 조직으로서 초등교과

유아교육내용		
5개 영역		초등학교 교과
신체운동 · 건강 의사소통 사회관계 예술경험 자연탐구	↔	국어 수학 과학 사회 음악 미술 체육 등
유아의 경험 (심리적 조직)		교과지식 (논리적 조직)

표 3-5 ▶ 교육내용에서 교과를 유아의 경험과 연계하여 이해

내용 이해	유아 경험의 실제
신체를 인식하고 움직인다. 유아가 자신의 신체에 관심을 가지며 신체 각 부분의 특성을 알고 다양하게 움직이는 내용이다.	물놀이를 하기 전, 교사와 유아들이 함께 체조를 한다. 목을 오른쪽 왼쪽으로 번갈아 가며 돌리고, 어깨를 으쓱거리고, 허리에 손을 얹고 허리를 돌리고, 무릎을 구부렸다가 펴고, 손목과 발목을 돌린다.
신체 움직임을 조절한다. 유아가 몸을 움직이며 균형을 잡고, 몸이나 도구의 움직임을 다양하게 조절하는 내용이다. 또한 눈과 손을 협응하며 소근육 움직임을 조절하는 내용이다.	유아들은 얼음땡 놀이를 하면서, 술래가 천천히 걸으면 천천히 걷고, 술래가 빠른 걸음으로 걸으면 빠른 걸음으로 달아난다. 그리고 술래에게 잡힐 듯하면 몸의 방향을 재빨리 바꿔 달아나기도 하고, "얼음!" 하고 외치며 급히 멈춰 서서 즐겁게 웃는다. 

출처: 2019 개정 누리과정 해설서, p. 64

표 3-5에서 보면 왼쪽의 교육내용을 오른쪽에서 유아의 경험으로 설명하고 있음을 알 수 있다. 왼쪽의 내용에서 '신체를 인식하고 움직인다'의 '신체 각 부분의 특성을 알고'는 교과의 지식일 수 있고, 오른쪽 유아의 경험은 물놀이에서 '허리, 발목' 등을 직접적으로 돌리고 움직이며 이를 경험적으로 배우고 있음을 알 수 있다. 이처럼 유아교육에서는 유아의 경험, 즉 심리적 조직으로서의 교육내용을 강조하고 있다.

3) 누리과정 5개 영역과 교과지식의 부분적 연계

누리과정 5개의 영역의 내용은 총 59개의 내용으로 구성되어 있다. 이 59개의 내용에는 교과가 반영되어 있지만 59개의 모든 내용이 교과지식을 의미하는 것은 아니다. 또한 59개 내용에는 교과 이외에 유아의 생활, 발달의 내용이 반영되어 있다. 따라서 5개 영역과 교과내용을 연계하여 통합적으로 유연하게 이해하는 것이 필요하다. 예를 들면 유아가 바르게 앉아 즐겁게 먹는다(신체운동 · 건강 영역의 내용)는 유아의 생활 경험을 반영한 것이며, 수를 세어 본다(자연탐구)는 수학교과지식을 반영한 것이라고 볼 수 있다. 또한 유아들은 수를 세어보는 경험을 수학시간을 별도로 마련하여 배우지 않고, 자연스럽게 도토리를 줍거나, 자기 간식의 수를 세는 방식으로 경험한다는 점에서 통합적이다. 이토록 5개 영역은 유아기의 어린이가 알아야 할 교육내용을 유아기에 적합한 방식으로 선정한 것이고, 초등학교의 교과지식과 부분적이고 통합적으로 연계되어 있다.

3. 5개 영역과 유아교과교육, 초등학교 교과교육 관계

1) 유아교육과정과 초등학교 교육과정의 연계

표 3-6 ▶ 누리과정 구성의 중점에서 유초연계 해설

3. 구성의 중점

마. 0~2세 보육과정 및 초등학교 교육과정과의 연계성을 고려하여 구성한다.
(2019 개정 누리과정 고시문)

해설:

누리과정은 5개 영역의 내용은 초등학교 교육내용을 상회하지 않도록 유의하여 구성하되, 3~5세의 경험과 초등학교 1학년의 경험이 단절되지 않고, 유아들이 순조롭게 전이하도록 돕고자 하였다.
(2019 개정 누리과정 해설서, 37쪽)

위의 표 3-6에서도 알 수 있듯이 유아교육과정은 초등학교 교육과정과 연계되어 구성하고 있다. 다만 차이점은 유아교육에서 교과교육은 초등학교 교과교육의 명칭을 그대로 사용하고 있지만, 실제 누리과정에서는 5개 영역으로 제시하고 있다는 것이다. 따라서 5개 영역과 유아교과교육, 그리고 초등학교 교과교육의 관계를 이해하는 것은 중요하다. 특히 유아교육과정은 교육내용을 초등학교 교과교육의 내용과 교육과정의 연계성의 원리에서 서로 밀접한 관계를 가지도록 구성하고 있다. 이는 5세 유아는 초등학교 1학년으로 입학하면서 유치원과 어린이집에서의 경험이 초등학교 1학년의 경험과 서로 연계되는 것이 중요하기 때문이다.

누리과정은 유아교육의 특성을 고려하여 현재 0~2세는 보육과정에서 6개의 내용, 3~5세 누리과정은 5개의 영역으로 구성하고 있으나, 초등학교 1~2학년은 유아교육과의 연계를 고려하여 통합교과로서 바른생활, 슬기로운 생활, 즐거운 생활을 운영하고 있다. 이는 0~5세의 영유아와 초등학교 1~2학년 학습자의 경험이 단절되지 않고 연속적으로 이어져야 함을 강조하는 교육과정의 원리에 기반한 것이다.

표 3-7 ▶ 0~5세 교육내용과 초등학교 교육과정의 관계

<table>
<tr><th rowspan="2">보육과정
0~2세</th><th rowspan="2">누리과정
3~5세</th><th rowspan="2"></th><th colspan="2">초등학교 교육과정 교과</th></tr>
<tr><th>초등학교
1~2학년군</th><th>초등학교
3~4, 5~6학년군</th></tr>
<tr><td>기본생활습관
신체운동건강
의사소통
사회관계
예술경험
자연탐구</td><td>신체운동 · 건강
의사소통
사회관계
예술경험
자연탐구</td><td>↔</td><td>국어
수학
바른생활*
슬기로운 생활*
즐거운 생활*</td><td>국어
수학
사회
음악
미술,
체육
영어</td></tr>
<tr><td></td><td>영역</td><td></td><td>통합교과*</td><td>교과중심</td></tr>
<tr><td colspan="5">편성 및 배우는 방식(교수방법)</td></tr>
<tr><td colspan="2">통합적 운영 및 놀이</td><td></td><td colspan="2">시간표 단위로 편성 및 직접교수법</td></tr>
</table>

위의 표 3-7을 보면 초등학교 1~2학년군의 교과는 누리과정 5개 영역과 부분적으로 연계되어 있음을 알 수 있다. 다만 이러한 연계에도 불구하고 교과의 연계는 여전히 명확하게 드러나지 않고, 특히 초등학교와 유치원의 교육내용을 가르치고 배우는 방식에도 큰 차이가 있어 유초연계는 내용상 연계되어 있지만 방법상 큰 차이가 있음을 알 수 있다. 예를 들면 유아는 교육내용을 놀이를 통해 배우는 방법을 활용하고 있지만, 초등학교는 교과를 그대로 시간표에 편제하고 교과서를 통해 직접적으로 가르치고 배우는 방법을 활용하고 있어 유아교육기관과 초등학교에서 학습자가 교육내용, 교과를 배우는 방식은 큰 차이가 있다.

2) 교육과정 연계성의 원리에 따른 5개 영역과 초등학교 교과내용의 관계

이러한 각 학교급에서 교육내용과 교과를 배우는 방식은 큰 차이를 가지지만 교육의 내용은 교육과정의 원리에 따라 연계되어야 한다. 이를 고려하여 유아교육에서 5개 영역, 교과교육, 초등학교 교과교육의 관계를 교육과정의 연계성의 원리, 특히 계속성, 계열성, 접합성, 통합성의 관점에서 알아보면 다음과 같다.

(1) 5개 영역의 내용은 초등학교 1~2학년군의 교과지식이 부분적이고 계속성을 가지고 제시되어 있다(계속성의 원리).

예를 들면 유아들도 듣고 말하는 경험을 하며, 초등학교 1학년도 듣고 말하는 내용을 배운다.

(2) 5개 영역의 내용은 초등학교 교육내용인 교과교육의 내용과 계열성을 가지고 있다. 특히 초등학교 1~2학년군의 교과교육 내용과 계열성을 가지고 구성하는 것이 중요하다(계열성의 원리).

예를 들면 3~5세 유아들은 우리나라를 사랑하는 마음을 가지도록 하는 경험을 하지만 초등학교에서는 우리나라를 상징하는 것들을 배우도록 하여 교육의 내용이 수준상으로 심화되도록 구성하고 있다.

(3) 초등학교 1~2학년군 교과지식 수준의 내용은 서로 연계하여 이해하는 것이 필요하다. 이때 유아교육과정의 내용이 초등학교 교육내용을 지나치게 상회하여 선수학습으로 오해하지 않도록 유의하는 것이 필요하다(접합성의 원리).

예를 들면 유아들은 '주변에서 글자와 비슷한 것을 찾아보는 경험'을 하지만, 초등학교 1학년은 '글자를 배운다'. 즉, 유아기에는 글자를 배우기보다 글자처럼 보이는 것들을 찾아보고, 글자에 관심을 가지는 정도의 경험을 하도록 구성하지만, 초등학교부터는 글자를 직접 읽고 쓰는 것을 익히게 학습의 내용을 심화한다. 그러나

5세 유아가 초등학교 1~2학년군의 내용과 접합점을 가지되 읽고 쓰는 기술을 가르치지 않음으로써 학습내용을 지나치게 상회하지 않도록 하는 접합성의 원리를 강조하고 있다.

(4) 5개 영역의 내용은 초등학교 교과내용과 통합적으로 연계되도록 구성하고 있다 (통합성의 원리).

누리과정은 5개 영역에서 신체운동·건강이 12개, 의사소통이 12개, 사회관계 12개, 예술경험 10개, 자연탐구 13개, 총 59개의 내용을 구성하고 있다. 이때 59개의 내용에서 어떤 내용은 발달적 특성이 강한 반면 어떤 내용은 생활, 어떤 내용은 교과지식의 특성이 강한 측면이 있다. 특히 59개 내용은 초등학교 교과 또는 통합교과의 내용과 반드시 일대일로 대응하는 관계가 아니라 전체적으로 유아가 경험하며 배우도록 통합적으로 연계되어 있다.

예를 들면 신체운동·건강에서 '신체를 인식하고 조절한다'의 내용은 발달이면서 체육교과의 내용과 연계된다. 의사소통에서 '상대방이 말하는 내용을 듣고 관련지어 말한다'의 내용은 국어교과와 연계되면서 사회교과와도 연계되는 내용이다. 또한 자연탐구에서 '동식물에 관심을 가진다'는 생활이며 교과의 내용과 연계되기도 한다. 봄이 되어 봄에 나는 식물에 관심을 가지는 경우는 '봄'의 주제와 관련된 초등학교 통합교과 바른 생활, 슬기로운 생활, 즐거운 생활과 내용통합의 특성을 가진다. 이처럼 유아교육과정에서 5개 영역과 초등학교 교과내용은 부분적이며 통합적으로 연계되어 있으므로 이를 유연하게 이해하는 것이 중요하다. 이에 대한 자세한 내용을 4장에서 다루고 있다.

표 3-8 ▶ 교육내용과 초등학교 교과내용과의 통합적 연계

누리과정 5개 영역	교육내용 일부	특성	통합적으로 연계	초등학교 교육과정
				1~2학년군
신체운동 · 건강 의사소통 사회관계 예술경험 자연탐구	신체를 움직인다 신체를 조절한다 … 상대방의 말하는 내용을 듣고 관련지어 말한다 … 우리나라를 사랑하는 마음을 가진다 … 동식물에 관심을 가진다	발달 생활 교과	↗ ↘ ↗ ↔	국어 수학 바른 생활* 슬기로운 생활* 즐거운 생활*

*는 통합교과를 말함

4. 유아교과교육의 유의점과 교사역할의 중요성

1) 유아교사는 유아교과교육을 5개 영역과 별개로 이해하여 직접적으로 가르치지 않도록 유의해야 한다. 초등학교 1~2학년의 통합교과(바른 생활, 즐거운 생활, 슬기로운 생활)는 교과(국어와 수학)와 다른 방식으로 내용을 조직하고 있다. 다만 초등학교에서는 통합교과 역시 교과로 편성하여 가르치고 있지만, 유아교육은 5개 영역을 편성운영단위로 운영하지 않을뿐더러 교과와 영역도 직접적으로 수업으로 가르치지 않아야 한다.

2) 유아교사는 교과교육의 내용을 5개 영역과 연계하여 전문적으로 이해하는 역량도 필요하다. 5개 영역의 내용은 유아가 경험하며 배우는 내용이며, 유아의 경험은 과거의 경험을 기반으로 새로운 경험으로 확장하여 나아간다. 교사는 유아의 현재 경험을 5개 영역의 내용과 연결하여 이해하여야 하며, 동시에 유아의 일상

적 경험, 즉 현재의 경험 속에 내재해 배움의 가능성을 지적으로 풍부화하도록 지원해주기 위하여 교과지식과도 연결하여 이해할 수 있어야 한다.

3) 놀이를 통해 배우는 내용으로서 교과와 5개 영역의 통합적 이해는 노력이 필요하다. 유아교육에서 놀이는 교육내용을 유아가 가장 적합한 방식으로 배우는 교수방법이다. 그러나 유아들은 놀이에서 직접적으로 자신이 알고 있는 지식을 활용하고 이러한 지식은 교과지식의 일부이기도 하다는 점에서 놀이는 교육의 내용을 만들어 주는 맥락이 된다. 즉 놀이는 방법이자 내용이 될 수 있음을 유연하게 이해하여야 한다.

4) 교사는 5개 영역의 내용과 초등학교 1~2학년군 교과지식을 연결할 때, 유아가 하는 경험의 수준과 교사가 아는 지식의 수준을 혼돈하지 않도록 유의하여야 한다. 유아는 놀이하면서 가끔 초등학교 지식의 내용이 출현할 수 있고, 교사는 이러한 교과지식의 출현을 알 수 있어야 한다. 예들 들면 유아는 놀이에서 100층을 말할 수 있지만, 100층을 구체적으로 세는 것을 교사가 가르칠 필요는 없는 것과 같다.

5) 교육의 내용과 방법을 혼돈하지 말아야 한다. 예를 들면 민속놀이와 전래동요는 우리나라를 알고 사랑하는 마음을 가지기 위하여 필요한 여러 경험 중의 하나이므로 교육의 방법이 될 수 있지만, 그 자체가 가르쳐야 할 교육내용은 아님을 이해하는 것이 필요하다. 누리과정에서는 유아가 우리나라를 사랑하고 자부심을 가지는 경험을 하도록 권장하고 있다. 따라서 교사는 다양한 방법으로 유아가 우리나라를 알고 자부심을 가지는 경험을 하도록 돕는 것이 필요하며, 꼭 자치기 놀이나 팔방놀이와 같은 민속놀이를 가르쳐야 하는 것은 아니다. 이처럼 유아교육과정이 통합적 접근을 고려할 때 교육내용과 방법은 서로 얽혀서 연계되어 있음을 이해하여야 한다.

5. 미래 유아교과교육의 새로운 구성방식

마지막으로 유아교과교육의 특성을 고려하여 볼 때 향후 유아교과교육은 새롭게 논의되어야 할 부분이 있다. 특히 학습자중심 및 역량중심 교육과정 등을 강조하는 미래사회 교육과정의 동향에 비추어 볼 때 유아교과교육도 유아의 경험을 중심으로 더 근원적 논의가 필요하다. 유아교육과정은 문해력이 발달하기 이전인 유아기의 발달특성을 고려하여 교육내용을 유아의 경험을 중심으로 5개 영역의 내용으로 선정하고 있기 때문에 미래 유아교과교육도 반드시 유아의 경험을 5개 영역으로 선정하여 구성할 필요는 없기 때문이다. 앞에서 살펴 보았듯이 세계 여러 나라에서 유아의 경험을 선정하고 조직하는 방식은 다양하며 매우 큰 차이가 있다.

현재 유아교육과정에서 교육내용을 5개 영역으로 선정하고 조직하였다면, 미래사회 유아교육과정은 유아의 경험을 5개 영역 이외에 다른 방식으로 어떻게 조직할 수 있을까를 고민해 보는 것도 필요하다. 유아들의 경험을 근원적으로 들여다보며 유아가 학습하고 배우는 내용이 반드시 5개 영역으로 제한될 필요는 없다. 예를 들면 유아들은 가장 넓은 차원에서 자신의 주변세계를 경험하고 이를 싱징화하는 과정을 즐긴다. 즉 유아들은 가까이 있는 꽃이나 식물, 곤충이나 동물, 날씨와 기후 등 자연세계를 가장 직접적이고 가깝게 경험하며 성장한다. 따라서 자연과 관련된 유아들의 경험이 중요하다. 또한 유아는 어머니와 아버지 등 가족과 친구, 친척과 동네, 지역사회를 가장 친근하게 경험하며 성장한다. 유아들은 이러한 사회적 경험을 통해 사회에서 필요한 상징과 표상을 배우며 성장한다. 또한 유아들은 표현하기를 즐긴다. 그리기, 만들기, 노래하기, 몸 움직이기 등 예술적 상징과 표현을 즐기게 된다. 유아기의 경험과 배움의 원천은 더 자연적이고, 사회관계적이고 표현적이다. 유아는 이러한 근원적 경험을 놀이를 통해 충분한 유아기를 지내면서 차츰 개념적이고 추상적인 교과지식을 배우게 되는 것이다. 따라서 유아교과교육은 이러한 유아의 경험과 배움, 학습의 특징을 보다 근원적으로 이해하여 유아교육과정의 교육내용을 5개 영역 이외에도 충분히 다른 방식으로 선정하고 조직할 수 있음을 이해하는 것도 필요하다.

토론해 보자

1. 유아교육에서 교과를 가르치지 않는다는 것의 의미를 스스로 설명하고 토론해 보자.

2. 유아교육에서 교과교육을 실행할 때 주의해야 할 점을 예를 들어 설명해 보자.

Chapter

4

유아교과교육과 누리과정 5개 영역 이해

제4장 유아교과교육과 누리과정 5개 영역 이해

이번 장에서는 국가수준 교육과정 영역과 교과교육의 관련성을 인식하며, 교육과정 영역에서 제시하는 유아가 경험해야 할 교육내용과 교과과목 내용의 관계를 체계적으로 알아보고자 한다. 먼저 유아교과교육은 예비유아교사 양성과정에서 배우는 방식이고, 유아교육기관의 현장에서는 5개 영역을 중심으로 배우기 때문에 이를 직접적으로 연계하기에는 많은 어려움이 있다. 앞에서도 언급하였듯이 유아교육은 교과교육을 직접적으로 가르치기보다, 유아가 놀이와 경험을 통해 배우도록 실천하고 있기 때문이다. 따라서 본 장에서는 유아교육과정의 교육내용인 5개 영역을 순차적으로 읽어나가면서 각 영역과 교과교육을 어떻게 연계하였는지를 설명하고자 한다.

1. 누리과정 5개 영역과 교과교육 관계 이해

누리과정은 신체운동·건강, 의사소통, 사회관계, 예술경험, 자연탐구의 5개 영역으로 구성되어 있다. 5개 영역의 내용과 교과교육 내용을 이해하기 위해 다음과 같은 특성을 고려해야 한다.

□ 누리과정은 5개 영역을 중심으로 교육내용을 구성하였다.

- 누리과정이 제시하는 교육내용은 유아가 경험해야 하는 내용으로 유아가 유아교육기관에서 생활하는 가운데 경험할 수 있는 교육내용을 의미한다.
- 교육과정 5개 영역의 내용은 교과 영역, 발달, 생활과 관련한 내용이 담겨 있다. 교육과정 내용범주와 내용에는 유아가 일상생활에서 하는 경험을 제시하고 있다. 동시에 생활을 하는 과정에서 교과내용이 경험될 수 있도록 구성되어 있으며, 생활을 하는 과정에서 발달영역의 경험도 가능하다. 결국 교육과정 내용은 기본적으로 생활의 형태로 제시하고 있으나, 교과내용과 발달지식을 내포하고 있다.

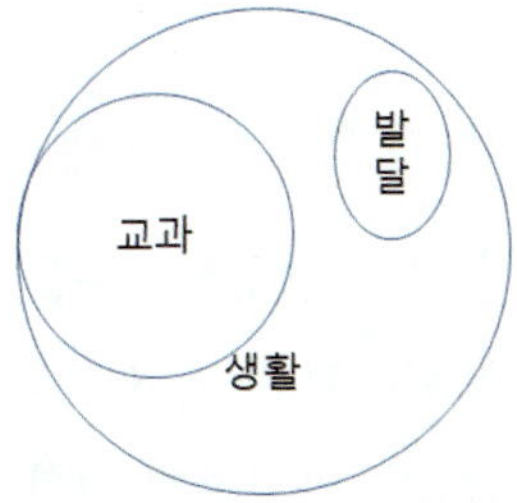

유아교육과정 교육내용 속 교과-생활-발달지식 관계

- 2019 개정 누리과정은 유아가 놀이를 통한 배움이 이루어지는 것을 강조하고 있으며, 5개 영역은 유아가 경험하며 배우는 내용이고, 하루 일과에서 놀이, 활동, 일상생활을 통해 구현된다.
- 2019 개정 누리과정은 만들어 가는 교육과정으로 유아의 경험을 통해 배움이 이루어지며, 교사의 적절한 지원을 통해 배움이 이루어진다.
- 초등학교 1~2학년은 국어, 수학, 안전한 생활, 통합교과(바른 생활, 즐거운 생활, 슬기로운 생활)를 통해 학습하며, 2015 초등학교 교육과정 총론은 유아교육과 초등교육의 연계를 강조하며 유치원 교육과정과 연계하여 지도해야 함을 제시하고 있다.
- 초등학교 교육과정은 교과별로 내용요소를 제시하고 있는데 내용요소를 통해 학습자가 무엇을 배워야 하는지 교수자에게 안내하고 있다.

* 유아교사 양성과정에서 예비유아교사는 교과를 배우고, 유아교육현장에서 유아는 5개 영역으로 배우고 있다. 따라서 본 장에서는 교사양성과정에서 배우는 교과의 내용(유아언어, 유아수학, 유아사회 등)을 5개 영역의 교육내용, 특히 유아의 경험과 연관 지어 어떻게 이해하여야 하는지에 초점을 두고 설명하고자 한다.

2. 누리과정 5개 영역과 유아교과교육 읽기

누리과정 5개 영역과 유아교과교육의 연관성을 각 영역별로 순차적으로 살펴보면 다음과 같다. 영역별 해설은 편의상 유아교사양성과정에서 배우는 교과내용을 유아교육기관에서 유아가 경험을 통해 배우는 5개 영역으로 어떻게 이해하여야 하는지에 초점을 두고 해설하고자 한다.

1) 신체운동 · 건강 영역과 교과

(1) 신체운동 · 건강 영역과 관련 교과 관계 이해

신체운동 · 건강 영역은 유아가 충분한 신체활동을 즐기며 건강한 몸과 마음의 발달을 이루고, 건강하고 안전한 생활습관을 기르는 데 목표를 두고 있다. 이 영역은 신체활동 즐기기, 건강하게 생활하기, 안전하게 생활하기의 3개의 내용범주와 총 12개의 내용으로 구성되어 있다. '신체활동 즐기기'는 유아가 자신의 신체를 인식하고 조절하며, 실내외에서 다양한 신체활동에 참여하며 즐거움을 느끼고 나아가 기초체력을 기르는 내용이다. 이는 유아동작교육과 관련이 있다. '건강하게 생활하기'는 유아가 일상에서 건강을 유지하기 위해 기본생활습관을 형성하고, 질병을 예방하는 방법을 알고 실천하는 태도를 형성하도록 하는 내용이며, 유아건강교육과 관련이 있다. 마지막으로 '안전하게 생활하기'는 유아가 놀이 및 생활안전에 관한 사항을 알고 대처할 수 있는 능력을 기르는 내용을 담고 있으며, 유아안전교육과 관계가 있다.

표 4-1 ▶ 신체운동 · 건강 영역과 관련 교과

5개 영역	범주	관련 교과
신체운동 · 건강 영역	신체활동 즐기기	유아동작교육
	건강하게 생활하기	유아건강교육
	안전하게 생활하기	유아안전교육

동작은 몸이나 손, 발의 움직임을 의미한다. 유아는 신체를 인식하고 조절하며 다양한 움직임을 하게 되고, 점차 움직임을 통해 기본운동뿐만 아니라 다양한 표현이 가능하게 된다. 움직임은 유아의 본능이며, 자신을 표현하는 하나의 방법이 될 수 있다. 유아동작교육 목표 중 유아가 신체활동을 즐기고, 신체나 도구를 활용하여 움직임을 표현하는 것을 즐기도록 하는 측면은 신체운동·건강 영역과 관련이 있다.

건강은 신체적, 정신적, 사회적 안녕의 상태이다. 이러한 신체적, 정신적, 사회적 건강은 서로 영향을 주고 받게 된다. 건강은 인생 전반에 영향을 미치므로 유아가 건강한 생활습관을 기를 수 있도록 건강교육을 실시할 필요가 있다. 유아건강교육은 일상에서 건강을 유지하기 위해 자신의 몸과 주변을 깨끗이 하고, 건강한 일상생활을 할 수 있는 일상생활 습관을 형성하며, 질병을 예방하는 방법을 알고 실천하는 태도를 갖도록 교육의 목표를 제시하고 있다.

안전은 뜻하지 않은 사고로부터 정신적, 신체적 상해의 위험 가능성이 없는 편안하고 안정된 상태를 말하며, 위험 가능성을 줄이기 위해 물리적 환경을 고쳐 사고를 감소시키는 것을 의미한다. 유아기는 안전한 생활방식을 배우고 습관을 형성하기에 적합한 시기로 안전행동과 태도, 습관에 대한 교육을 실시할 필요가 있다. 유아기에 경험하는 안전교육의 내용은 유아의 안전한 생활 및 미래의 건강하고 안전한 생활방식에 직접적으로 영향을 주기에 중요하다. 유아안전교육은 일상에서 안전하게 놀이하고 생활하며 위험에 대처할 수 있는 생활습관을 형성하는 것을 교육의 목표로 제시하고 있다.

(2) 신체운동·건강 영역 내용과 교과내용 연계하여 읽기

신체운동·건강 영역의 내용과 교과내용을 연계하여 살펴보면 다음과 같다.

표 4-2 ▶ 신체운동 · 건강 영역 내용과 관련 교과내용

<table>
<tr><th colspan="3">교과[3]</th><th colspan="2">2019 개정 누리과정 5개 영역</th></tr>
<tr><th colspan="3">동작, 건강, 안전교육</th><th colspan="2">신체운동 · 건강 영역</th></tr>
<tr><th colspan="2">범주</th><th>내용</th><th>내용범주</th><th>3~5세</th></tr>
<tr><td rowspan="2">동작</td><td>신체조절</td><td>• 신체인식
• 신체조절</td><td rowspan="2">신체활동 즐기기</td><td rowspan="2">• 신체를 인식하고 움직인다.
• 신체 움직임을 조절한다.
• 기초적인 이동운동, 제자리 운동, 도구를 이용한 운동을 한다.
• 실내외 신체활동에 자발적으로 참여한다.</td></tr>
<tr><td>기본운동</td><td>• 이동 운동
• 비이동 운동
• 조작적 운동</td></tr>
<tr><td>건강</td><td>건강</td><td>• 일상생활습관
• 영양 및 식생활
• 질병 관리</td><td>건강하게 생활하기</td><td>• 자신의 몸과 주변을 깨끗이 한다.
• 몸에 좋은 음식에 관심을 가지고 바른 태도로 즐겁게 먹는다.
• 하루 일과에서 적당한 휴식을 취한다.
• 질병을 예방하는 방법을 알고 실천한다.</td></tr>
<tr><td>안전</td><td>안전교육 내용 및 대처 방법</td><td>• 교통안전
• 놀이안전
• 대인안전
• 성폭력, 폭력, 신변안전
• 시설 및 제품이용 안전
• 미디어 안전
• 화재안전
• 재난안전</td><td>안전하게 생활하기</td><td>• 일상에서 안전하게 놀이하고 생활한다.
• TV, 컴퓨터, 스마트 폰 등을 바르게 사용한다.
• 교통안전 규칙을 지킨다.
• 안전사고, 화재, 재난, 학대, 유괴 등에 대처하는 방법을 경험한다.</td></tr>
</table>

신체활동 즐기기

신체운동 · 건강 영역의 신체활동 즐기기는 유아가 자신의 신체를 인식하고 조절하며 다양한 움직임을 만들어 보는 과정을 강조한다. 「신체를 인식하고 움직인다, 신체 움직임을 조절한다」는 유아가 신체의 부분과 명칭을 알고, 움직임을 만들 수 있는 신체 부위의 특성을 알며 다양하게 움직임을 만들고, 신체 움직임을 조절하게 되는

3) 교과는 예비유아교사 양성단계에서 배우는 교과내용을 정리하여 제시하고 있다. 이를 유아가 실제 경험하는 내용과 연계하여 이해할 수 있도록 표로 정리하여 제시하고 있다.

내용을 포함한다. 이는 동작교육의 신체인식, 신체조절의 내용과 관계가 있으며, 신체인식과 조절은 다양한 움직임 표현의 기초가 된다. 「기초적인 이동운동, 제자리 운동, 도구를 이용한 운동을 한다」는 유아가 기본운동기술을 경험하고 활발하게 참여함으로써 운동능력의 기초를 형성하는 내용이다. 이는 동작교육의 기본운동인 이동, 비이동, 조작 운동과 관련이 있다. 「실내 · 외 신체활동에 자발적으로 참여한다」는 유아가 일상에서 다양한 신체활동에 참여함으로써 신체활동을 즐길 수 있도록 하는 내용이며 유아는 신체를 인식하고, 조절하며, 기본운동기술을 활용하여 자발적으로 참여할 수 있게 된다.

건강하게 생활하기

신체운동 · 건강 영역의 건강하게 생활하기는 유아가 건강한 생활습관을 형성하고, 질병을 예방하는 방법을 알고 실천하는 태도를 기를 수 있는 내용을 담고 있다. 유아가 신체적 청결의 방법을 알고 실천하며, 생활 주변을 깨끗이 할 수 있는 방법을 알고 실천할 수 있도록 「자신의 몸과 주변을 깨끗이 한다」라는 내용을 제시하고 있다. 또한 유아가 바른 식습관을 형성할 수 있도록 몸에 좋은 음식을 알고 선택하며, 음식을 소중히 여기고 바른 태도로 즐겁게 먹을 수 있도록 건강한 식습관을 기르는 내용을 포함하고 있다. 건강한 생활을 위해서 유아는 일과 중 몸의 상태를 고려하여 적절한 휴식을 취할 수 있어야 하는데, 건강하게 일상생활을 유지할 수 있도록 교육내용으로 제시하고 있다. 유아가 건강을 유지하며 질병을 예방하는 방법을 알고 스스로 실천할 수 있도록 일상생활 속 건강관리 내용도 포함한다. 이는 유아건강교육에서 제시하고 있는 일상생활습관, 영양 및 식생활, 질병관리의 내용과 관련이 있다. 교사는 유아가 일상생활을 하는 과정에서 건강한 생활습관이 형성될 수 있도록 적절하게 지원할 수 있어야 한다.

안전하게 생활하기

신체운동 · 건강 영역의 안전하게 생활하기는 유아가 놀이 및 생활안전을 지키고,

위험한 일이 발생했을 때 도움을 받아 대처할 수 있는 능력을 기르는 내용을 담고 있다. 유아가 일상에서 안전하게 놀이하고, 생활하는 방법을 알고 실천할 수 있도록 교육하는 내용으로 안전교육의 놀이안전, 시설 및 제품이용 안전과 관련이 있다. 유아는 일상생활을 하는 가운데 다양한 미디어를 접하게 되는데 이때 올바른 사용방법을 알고 적절히 사용할 수 있도록 교육하는 내용도 포함하고 있다. 이는 안전교육의 미디어 안전과 관련이 있다. 「교통안전 규칙을 지킨다」는 유아가 생활 속에서 안전하게 다닐 수 있도록 보행, 도로횡단, 교통기관 이용, 교통규칙에 관한 내용을 알고 지키는 내용이며, 이는 안전교육의 교통안전과 관련이 있다. 마지막으로 「안전사고, 화재, 재난, 학대, 유괴 등에 대처하는 방법을 경험한다」는 대인안전, 폭력 및 신변안전, 화재안전, 재난안전에 해당하는 내용을 포함하고 있다. 교사는 유아가 일상생활을 하는 과정에서 안전하게 생활하기 위해 필요한 여러 가지 방법을 알고 실천할 수 있도록 적절하게 지원할 수 있어야 한다.

※ 초등학교 1~2학년 내용요소

교육의 계열성, 적정성, 연계성, 접합성을 위해 유아교사는 초등학교 1~2학년 교육과정에 대해 이해할 필요가 있다. 초등학교 1~2학년 교육과정은 학습자가 배워야 할 내용요소를 구체적으로 제시하고 있다. 동작교육과 관련하여 초등학교 1~2학년 통합교과는 「몸의 각 부분에 대해 알기, 나의 몸 · 감각 · 느낌 표현」을 내용요소로 제시하고 있다. 건강교육과 관련하여 통합교과는 「몸과 마음의 건강, 생활 및 학습계획, 건강 수칙과 위생」을 내용요소로 제시하고 있다. 안전교육과 관련 있는 초등학교 1~2학년 교과는 안전한 생활이다. 「생활안전(실내활동, 학용품 및 도구, 놀이기구의 안전한 사용), 교통안전(신호등, 교통표지판, 보행자 수칙, 골목에서 놀 때 안전, 자전거 · 자동차 · 대중교통 이용시 안전수칙)」에 관한 내용요소를 제시하고 있다. 이와 같은 내용요소는 유아의 경험과 연계 가능한 측면이 있다.

2) 의사소통 영역과 교과

(1) 의사소통 영역과 언어교육의 관계 이해

의사소통 영역은 유아가 일상생활에서 필요한 소통능력을 기르고 나아가 상상력을 기를 수 있도록 구성되어 있다. 일상생활에서 듣고 말하기를 즐기고, 읽기와 쓰기에 대한 관심을 가지고, 책과 이야기를 통해 상상하기를 즐기는 것을 목표로 구성한 영역이다. 이 영역은 듣기와 말하기, 읽기와 쓰기에 관심 가지기, 책과 이야기 즐기기의 3개의 내용범주와 총 12개의 내용을 포함하고 있다. '듣기와 말하기' 내용범주는 유아가 일상생활에서 타인의 말이나 이야기를 듣고, 자신의 경험, 느낌, 생각을 고운 말을 사용하여 적절하게 말할 수 있도록 교육내용을 제시한다. '읽기와 쓰기에 관심 가지기'는 유아가 말과 글의 관계와 주변의 상징과 글자에 관심을 가지고 자신의 생각을 글자와 비슷한 형태로 표현할 수 있도록 교육내용을 구성하고 있다. 마지막으로 '책과 이야기 즐기기'는 유아가 책에 관심을 가지고 문학작품을 즐기며 우리말의 재미를 느끼며 상상하는 것을 즐길 수 있도록 교육내용을 제시한다. 이러한 교육내용은 유아언어교육과 관련이 있다.

유아는 말과 글을 사용하여 세상에 대한 정보를 얻으며 타인과 소통하고 관계를 맺게 된다. 유아기는 기본적인 언어 사용능력과 태도가 형성되는 언어발달의 결정적인 시기이다. 유아를 위한 언어교육은 일상생활 속에서 실제로 경험하게 되는 언어의 의미를 이해하면서 시작해야 한다. 유아가 주변의 다양한 상징과 언어적 표현에 익숙해지고, 사회적 관계 속에서 상황에 적절하게 자신의 생각, 감정, 느낌을 표현하고 타인의 의사표현을 수용할 수 있는 의사소통능력을 기를 수 있도록 교육의 방향을 설정해야 한다. 또한 문학적 흥미와 우리말의 재미를 느끼면서 언어 사용을 즐기고 언어를 효과적으로 활용할 수 있는 능력을 길러줄 수 있어야 한다. 유아 수준에 적합한 언어교과의 교육내용은 언어 표현 형태인 듣기, 말하기, 읽기, 쓰기를 바탕으로 제시하고 있다. 이는 유아의 언어 표현능력이 발달하면서(음성언어발달, 문자언어발달) 언어구성요소(음운인식, 한글 자모음, 어휘, 구문, 내러티브)가 음성언어(듣기, 말하기)와 문자

언어(읽기, 쓰기) 형태로 발현되는 특성을 가지고 있기 때문이다. 유아는 다양한 경험을 통해서 듣기, 말하기, 읽기, 쓰기의 경험을 총체적이며 통합적으로 하게 된다. 따라서 교과내용도 구체적 개념보다는 '낱말과 문장 듣고 이해하기'와 같은 행위와 기능적 측면으로 표현된다.

(2) 의사소통 영역 내용과 유아언어교육 내용 연계하여 읽기

의사소통 영역의 내용과 유아언어교육의 내용을 연계하여 살펴보면 다음과 같다.

표 4-3 ▶ 의사소통 영역과 유아언어교육

교과		→	2019 개정 누리과정 5개 영역	
유아언어교육			의사소통 영역	
범주	내용		내용범주	3~5세
듣기와 말하기	• 집중하여 듣기 • 낱말과 문장 듣고 이해하기 • 바른 태도로 듣고 말하기 • 낱말과 문장으로 말하기 • 경험, 느낌, 생각 말하기 • 상황에 적절하게 말하기 • 고운말 사용		듣기와 말하기	• 말이나 이야기를 관심 있게 듣는다. • 자신의 경험, 느낌, 생각을 말한다. • 상황에 적절한 단어를 사용하여 말한다. • 상대방이 하는 이야기를 듣고 관련해서 말한다. • 바른 태도로 듣고 말한다. • 고운 말을 사용한다.
읽기와 쓰기	• 말과 글의 관계 • 읽기에 흥미 가지기 • 쓰기에 흥미 가지기		읽기와 쓰기에 관심 가지기	• 말과 글의 관계에 관심을 가진다. • 주변의 상징, 글자 등의 읽기에 관심을 가진다. • 자신의 생각을 글자와 비슷한 형태로 표현한다.
듣기, 말하기 읽기, 쓰기	• 문학에 흥미 • 말놀이와 말의 재미		책과 이야기 즐기기	• 책에 관심을 가지고 상상하기를 즐긴다. • 동화, 동시에서 말의 재미를 느낀다. • 말놀이와 이야기 짓기를 즐긴다.

▪ 듣기와 말하기

의사소통 영역의 듣고 말하기 내용범주는 언어교육에서 제시하는 듣기와 말하기 교육내용을 포함하고 있다. 듣기는 소리를 듣고 의미를 이해하는 과정이다. 유아는 주변에서 듣는 여러 소리를 의식적으로 듣고 그 의미를 이해하며 세상을 이해하게 된다. 이를 위해서 집중하여 듣기, 낱말과 문장 듣고 이해하기, 바른 태도로 듣기와 같은 내용이 포함된다. 이는 유아가 생활하는 가운데 다른 사람과 의사소통하는 과정에서 듣게 되는 낱말과 문장, 이야기를 듣고 이해하며 적절하게 반응할 수 있도록 하는 내용을 의미한다. 유아를 대상으로 하는 언어교육에서 듣는 태도를 형성하는 것은 중요한데, 유아가 타인의 이야기를 경청하고 반응할 수 있는 바른 태도를 형성할 수 있도록 해야 한다. 말하기는 유아가 자신의 생각과 느낌을 음성언어인 말로 표현하는 능력을 의미한다. 이를 위해서 「자신의 경험과 생각, 느낌을 낱말과 문장으로 말하기, 상황에 적절하게 말하기, 바른 태도로 말하기, 고운말 사용」과 같은 내용이 포함된다.

▪ 읽기와 쓰기에 관심 가지기

유아는 주변에서 마주하는 여러 상징적 표식에 관심을 보이며 점차 글자에 대해 인식하게 된다. 또한 자신의 생각을 글자와 비슷한 형태로 표현하게 된다. 이러한 읽고 쓰기는 유아가 세상을 이해하는 방식이며 동시에 적극적으로 자신을 표현하는 방식이다. 이 내용범주에서 포함하고 있는 교과내용은 읽기와 쓰기이다. 읽기의 내용은 말과 글의 관계, 읽기에 흥미 가지기를 포함한다. 유아가 읽기를 하는 과정에서 말과 글을 연결짓게 되고 주변의 인쇄물을 보며 글자를 읽어야 함을 알게 된다. 따라서 유아가 주변에서 만나는 여러 가지 상징적 표식과 나아가 글을 읽는 데 관심을 가질 수 있도록 지도하는 내용을 포함한다. 또한 읽기 과정을 통해 원하는 정보를 얻을 수 있다는 측면을 경험할 수 있도록 지도해야 한다. 쓰기는 말과 글의 관계, 쓰기에 흥미 가지기에 관한 내용이 포함된다. 이는 유아가 읽기를 경험하면서 자신의 생각을 문자언어로 표현할 수 있음을 이해하고 그림의 형태에서 점차 글자의 형태로 자신의 생각, 경험을 표현하는 것을 포함하는 내용이다.

■ 책과 이야기 즐기기

유아는 우리말이 담긴 책과 이야기 읽기를 즐기고 상상하며 새로운 이야기를 만드는 과정을 좋아한다. 또한 유아는 일상에서 다양한 내용을 담고 있는 책과 이야기를 접하게 된다. 책과 이야기 즐기기 내용범주는 언어교과의 듣기, 말하기, 읽기, 쓰기를 통합적으로 다루고 있다. 유아는 책과 이야기를 접하며 언어교과의 교육내용을 통합적으로 경험하게 되고 이 과정을 통해 말과 글의 재미를 느끼며, 이야기를 짓고, 책 읽기에도 관심을 보이게 된다. 이는 듣기, 말하기, 읽기, 쓰기가 통합적으로 경험되는 과정이다.

※ 초등학교 1~2학년 내용요소

초등학교 교육과정에 대한 이해는 유아의 경험이 연계되도록 하지만 적정 수준을 넘어서는 선행학습이 되지 않도록 할 수 있다. 초등학교 1~2학년 교육과정은 학습자가 배워야 할 내용요소를 구체적으로 제시하고 있다. 국어교과에서 유아의 경험과 연계가 가능한 내용요소는 집중하며 듣기, 자신 있게 말하기, 바르고 고운 말 사용, 읽기쓰기 문학에 대한 흥미, 말놀이와 말의 재미이다. 초등 1~2학년군의 교육과정에 대한 이해를 통해 교사는 유아의 언어경험을 보다 풍부하게 지원할 수 있다.

3) 사회관계 영역과 교과

(1) 사회관계 영역과 유아사회교육의 관계 이해

사회관계 영역은 유아가 자신을 인식하고 다른 사람을 이해하며, 사회에 대해 이해하도록 구성되어 있는데 자신을 존중하고 더불어 생활하는 태도를 갖는 것을 목표로 구성한 영역이다. 이 영역은 나를 알고 존중하기, 더불어 생활하기, 사회에 관심 가지기의 3개의 내용범주와 총 12개의 내용으로 구성되어 있다. '나를 알고 존중하기'는 유아가 자신을 소중하고 가치 있는 존재로 느끼며, 자신이 느끼는 감정을 알고 상황에 적절하게 표현하고, 자신이 스스로 할 수 있는 일을 스스로 하여 자율성을 기르게 하는 내용을 제시하고 있다. '더불어 생활하기'는 유아가 가족이나 친구와 서로 도움을 주고받으며 화목하게 지내고 다른 사람과의 관계에서 필요한 예의, 약속, 규칙을 지키며 차이를 존중하는 태도를 형성하는 내용을 의미한다. '사회에 관심 가지기'는 유아가 자신이 속한 지역사회를 탐구하고 우리나라에 대해 자부심을 가지며 다양한 문화에 관심을 갖고 존중하는 태도를 형성하는 내용으로 구성되어 있다. 이러한 사회관계 영역은 유아사회교육과 관련이 있다.

유아는 생애 초기부터 사회 속에서 타인과 관계를 맺으며 자신과 세상에 대해 알아간다. 이러한 유아기는 사회·정서발달과 세상에 대한 이해를 형성해 나갈 수 있는 중요한 시기이다. 유아는 세상을 탐색해 가며 자신을 알아가고, 사회 속 구성원으로 살아가기 위해 필수적인 사회·정서발달을 해 나가게 된다. 또한 탐색을 통해 유아를 둘러싼 사회환경에 대해 알아가며, 생활을 통해 사회과학의 주요한 개념을 형성해 가며, 시민으로서 자신을 이해하게 된다. 따라서 유아가 자신을 이해하고 세상을 알아갈 수 있도록 사회교육이 필요하다. 유아사회교육은 유아의 사회·정서발달과 함께 주변세계에서 마주하게 되는 사회과학 개념인 지리, 역사, 경제, 민주시민 등을 포함하여 교육할 수 있다. 이를 위해 교사는 유아의 사회·정서발달에 관한 측면뿐만 아니라 사회과학의 주요 개념에 대해 알고 있어야 하며, 유아의 생활과 경험을 통해 발현될 수 있음을 인식하고 지원할 수 있어야 한다.

(2) 사회관계 영역 내용과 유아사회교육 내용 연계하여 읽기

사회관계 영역의 내용과 유아사회교육의 내용을 연계하여 살펴보면 다음과 같다.

표 4-4 ▶ 사회관계 영역과 유아사회교육

<table>
<tr><th colspan="2">교과</th><th colspan="2">2019 개정 누리과정 5개 영역</th></tr>
<tr><th colspan="2">유아사회교육</th><th colspan="2">사회관계 영역</th></tr>
<tr><th>범주</th><th>내용</th><th>내용범주</th><th>3~5세</th></tr>
<tr><td rowspan="2">사회·정서 발달</td><td rowspan="2">• 자아개념
• 정서이해 및 표현
• 정서조절
• 성인, 또래 관계</td><td>나를 알고 존중하기</td><td>• 나를 알고 소중히 여긴다.
• 나의 감정을 알고 상황에 맞게 표현한다.
• 내가 할 수 있는 것을 스스로 한다.</td></tr>
<tr><td rowspan="2">더불어 생활하기</td><td>• 가족의 의미를 알고 화목하게 지낸다.*
• 친구와 서로 도우며 사이좋게 지낸다.
• 친구와의 갈등을 긍정적인 방법으로 해결한다.
• 서로 다른 감정, 생각, 행동을 존중한다.
• 친구와 어른께 예의바르게 행동한다.</td></tr>
<tr><td rowspan="2">사회과학 지식</td><td>• 가족
• 시민의식</td><td>• 가족의 의미를 알고 화목하게 지낸다.*
• 약속과 규칙의 필요성을 알고 지킨다.</td></tr>
<tr><td>• 지리
• 역사
• 경제
• 문화
• 지역사회
• 우리나라</td><td>사회에 관심 가지기</td><td>• 내가 살고 있는 곳에 대해 궁금한 것을 알아본다.
• 우리나라에 대해 자부심을 가진다.
• 다양한 문화에 관심을 가진다.</td></tr>
</table>

*는 사회·정서발달, 사회과학지식 모두와 관련 있다.

▪ 나를 알고 존중하기

사회관계 영역의 나를 알고 존중하기는 사회교육의 사회 · 정서발달 측면의 내용을 포함하고 있다. 유아는 자신에게 관심을 가지고 소중히 여기며 스스로에 대해 알아가게 된다. 이러한 교육과정 내용은 사회 · 정서발달에서 강조하는 자아개념과 관련이 있다. 유아가 스스로에 대해 인식하고 자신을 존중하며 자신의 일을 스스로 하기 위해 노력하는 과정을 통해 유아의 자아개념이 점차 형성된다. 또한 유아는 점차적으로 자신이 느끼는 다양한 감정을 알아가고 이를 상황에 적절한 방식으로 표현해야 하는데 이는 정서발달의 정서이해와 표현, 정서조절과 관련이 있다. 유아가 자신의 감정을 알고 타인의 감정을 이해하며 공감하고 적절한 방식으로 표현하기 위해 자신의 정서를 조절하는 내용을 포함한다. 이러한 사회 · 정서발달은 유아의 성장을 위해 필요한 필수적인 측면으로, 교사는 유아가 일상생활을 하는 과정에서 사회 · 정서발달이 이루어질 수 있도록 적절하게 지원할 수 있어야 한다.

▪ 더불어 생활하기

유아가 가족이나 친구와 서로 도움을 주고받으며 화목하게 지내고, 사회적 가치를 알아가며 실천하는 내용으로 구성된 '더불어 생활하기'는 사회교과의 사회 · 정서발달과 사회과학지식이 함께 나타난다. 유아가 가족, 또래, 성인과 긍정적인 관계를 형성하는 측면은 친사회적 행동의 발달과 도덕성 등의 사회성발달을 통해 가능해진다. 동시에 유아가 일상에서 다양한 관계를 맺으며 행동을 실천하는 과정을 통해 성인, 또래와 우호적인 관계를 형성해 가는 내용을 포함한다. 유아는 관계 속에서 마주하게 되는 갈등 역시 긍정적으로 해결하는 방법을 배워나가야 하며, 이는 사회 · 정서 발달과 관련이 있다. 유아가 가족의 의미를 알고 화목하게 지내며, 약속과 규칙의 필요성을 알고 지키는 내용은 사회과학지식의 가족, 시민의식의 내용을 포함한다. 또한 유아가 다양한 가족의 의미를 알고 존중하며 공동체의 구성원으로서 살아가기 위해 필요한 기본적인 사회적 가치와 약속, 규칙을 알고 지키는 내용을 포함한다. 더불어 생활하기의 내용을 통해 유아가 사회의 구성원으로서 함께 살아가기 위한 기본적인 태도와 방법을 배워나갈 수 있다.

▪ 사회에 관심 가지기

유아가 지역사회를 탐구하고, 우리나라와 다양한 문화에 대해 관심을 갖고 존중하는 사회에 관심 가지기 내용은 사회과학지식과 관련이 있다. 유아가 자신이 살고 있는 동네, 직업, 지역사회 기관, 지역축제, 역사, 자랑거리 등을 궁금해하고 알아보는 과정은 사회과학의 지리, 역사, 경제의 내용을 포함한다. 또한 유아가 우리나라에 대해 자부심을 갖도록 하는 교육내용은 문화와 역사의 내용을 포함할 수 있는데 우리나라를 나타내는 상징, 문화, 발명품, 역사에 대한 측면을 경험할 수 있다. 유아가 다양한 문화에 관심을 갖도록 하는 과정은 사회과학의 문화 내용을 포함하고 있으며, 유아는 우리 문화뿐만 아니라 세계 여러 나라의 다양한 문화에 대해 관심을 갖고 존중하는 과정을 통해 서로 존중하고 협력하는 마음을 키울 수 있게 된다. 교사는 유아의 일상 경험을 통해 사회·정서발달뿐만 아니라 사회과학지식에 대한 기초적인 성향을 키울 수 있는 기회를 제공할 필요가 있다.

※ 초등학교 1~2학년 내용요소

초등학교 1~2학년 통합교과 중 연계 가능한 측면은 나(몸과 마음 건강, 나의 몸-감각-느낌 표현, 나의 재능 흥미 탐색), 가족(가정예절, 배려와 존중), 학교(학교생활 규칙, 친구관계), 마을(공중도덕, 동네에 있는 것들, 동네 모습 표현), 나라(나라사랑, 우리나라의 상징과 문화, 타 문화 공감, 다른 나라 문화, 다른 나라의 노래 · 춤 · 놀이)이다. 초등 1~2학년군의 교육과정에 대한 이해를 통해 교사는 유아가 자신에 대한 건강한 인식을 통해 사회의 구성원으로 자랄 수 있도록 지원할 수 있다.

4) 예술경험 영역과 교과

(1) 예술경험 영역과 관련 교과 관계 이해

예술경험 영역은 유아가 자연과 생활에서 아름다움을 느끼고, 다양한 예술을 통해 창의적으로 표현하며, 서로 다른 예술표현을 존중할 수 있도록 하는 데 가치를 두고 있다. 이 영역은 아름다움 찾아보기, 창의적으로 표현하기, 예술 감상하기의 3개의 내용범주와 총 10개의 내용으로 구성되어 있다. '아름다움 찾아보기'는 유아가 자연과 생활에서 아름다움을 느끼고 즐기며 다양한 예술적 요소에 관심을 갖고 자유롭게 탐색해보도록 하는 내용이다. '창의적으로 표현하기'는 유아가 음악, 움직임과 춤, 미술, 극놀이 등을 통해 자신의 생각이나 느낌을 자유롭게 표현하는 내용을 의미한다. '예술 감상하기'는 유아가 서로 다른 예술 표현을 존중하고 우리 전통예술에 친숙해지며 다양한 예술을 감상하고 상상하기를 즐기는 내용으로 구성되어 있다. 예술경험 영역은 유아음악교육, 유아미술교육, 유아동작교육과 관련이 있다.

표 4-5 ▶ 예술경험 영역과 관련 교과

5개 영역	범주	관련 교과
예술경험 영역	아름다움 찾아보기	유아음악교육, 유아미술교육, 유아동작교육
	창의적으로 표현하기	
	예술 감상하기	

음악은 감정과 생각을 음악적 요소를 활용하여 목소리나 악기로 표현하는 시간예술이다. 유아는 일상에서 다양한 음악적 경험을 한다. 유아는 태어나면서부터 다양한 음악적 경험을 하며, 점차 노래를 부르거나 악기를 연주하는 형태의 표현도 즐겨하게 된다. 음악은 유아에게 일상의 한 부분이며 유아는 음악을 통해 자신을 표현할 수 있다. 유아음악교육은 일상에서 음악적 요소와 음악적 경험을 다양하게 하는 과정에 초점을 둔다. 유아음악교육은 유아의 전인적 발달을 도우며, 유아가 음악을 통해 자신의 생각과 정서를 표현하고, 나아가 심미감을 형성하는 데 도움을 줄 수 있다.

미술은 미를 표현하는 예술로 회화, 조각이 대표적인 예이다. 우리는 주변 환경에서 미적 요소들을 자연스럽게 경험하고, 생각하고 느끼는 것을 미술의 형태로 표현할 수 있다. 유아는 끼적이기와 같은 형태를 시작으로 생각과 감정을 그림으로 표현하며, 다양한 재료를 통해 만들기를 한다. 또한 친구들과 그리기와 만들기를 함께 하기도 하며, 또래가 만든 작품을 감상하기도 한다. 유아에게 미술은 일상에서 경험할 수 있는 예술이다. 유아미술교육은 유아가 자연과 생활에서 아름다움을 찾고, 느끼며, 자신의 생각과 느낌을 창의적으로 표현하는 것을 목표로 한다. 또한 다양한 미술작품을 감상하며 존중할 수 있는 태도를 형성하는 것에 목표를 두고 있다.

예술경험 영역과 유아동작교육 역시 관련이 있다. 유아동작교육은 유아가 신체활동을 즐기고 신체나 도구를 활용하여 움직임과 춤으로 자유롭게 표현하는 것을 즐기며 다양한 예술표현을 감상하고 존중할 수 있는 데 목표를 두고 있다.

(2) 예술경험 영역의 내용과 관련 교과내용 연계하여 읽기

예술경험 영역의 내용과 관련 교과내용을 연계하여 살펴보면 다음과 같다.

표 4-6 ▶ 예술경험 영역과 관련 교과

교과		
음악, 미술, 동작교육		
범주		내용
음악	음악적 요소	• 음색과 높낮이, 셈여림 • 빠르기, 리듬
미술	미적 요소	• 미적 대상 • 미술 구성요소
동작	동작 요소	• 동작의 기본요소
음악	음악적 경험	• 노래 • 연주 • 감상
미술	미적 경험	• 미술표현 • 미술감상
동작	신체 표현	• 구조적 표현 • 반구조적 표현 • 창의적 표현
언어	언어	• 문학에 대한 흥미[4]
음악	음악적 경험	• 감상
미술	미적 경험	• 감상
동작	동작 표현 감상	• 다양한 춤 감상하기 • 예술적 동작 표현 감상하기

➔

2019 개정 누리과정 5개 영역	
예술경험 영역	
내용범주	3~5세
아름다움 찾아보기	• 자연과 생활에서 아름다움을 느끼고 즐긴다. • 예술적 요소에 관심을 갖고 찾아 본다.
창의적으로 표현하기	• 노래를 즐겨 부른다. • 신체, 사물, 악기로 간단한 소리와 리듬을 만들어 본다.
	• 다양한 미술 재료와 도구로 자신의 생각과 느낌을 표현한다.
	• 신체나 도구를 활용하여 움직임과 춤으로 자유롭게 표현한다.
	• 극놀이로 경험이나 이야기를 표현한다.
예술 감상하기	• 다양한 예술을 감상하며 상상하기를 즐긴다. • 서로 다른 예술 표현을 존중한다. • 우리나라 전통 예술에 관심을 갖고 친숙해진다.

---

4) 극놀이로 표현하기 내용은 유아언어교육과 관련이 있다. 유아가 극놀이로 표현하는 과정은 듣기, 말하기, 읽기, 쓰기가 통합적으로 이루어질 수 있으며, 신체 움직임, 음악, 미술을 이용해 통합적으로 창의적 표현을 할 수 있다.

■ 아름다움 찾아보기

자연과 생활에서 아름다움을 느끼고 즐기며, 예술적 요소에 관심을 갖고 찾아보는 과정은 음악적 요소, 미적 요소, 동작의 기본 요소를 경험할 수 있는 기회이다. 유아는 주변에서 접하는 다양한 소리의 아름다움을 느끼고 즐기며 음색과 높낮이, 셈여림, 리듬, 빠르기와 같은 음악적 요소를 경험할 수 있다. 또한 주변에서 접하는 다양한 사물의 색, 질감, 모양, 공간 등에 관심을 갖고 아름다움을 느끼고 즐기며 미적 요소를 경험할 수 있다. 유아는 주변에서 접하는 다양한 움직임과 춤의 모양, 힘, 세기, 빠르기와 같은 요소에 관심을 갖고 아름다움을 느끼고 즐기며 동작의 기본 요소를 경험할 수 있다.

■ 창의적으로 표현하기

유아는 음악을 듣고 표현하는 과정을 통해 자신의 생각이나 느낌을 자유롭게 표현할 수 있게 된다. 유아는 일상에서 노래를 듣고 부르는 것을 즐긴다. 또한 신체, 사물, 악기를 이용해 정해진 곡을 연주하거나 새로운 곡을 만들며 다양한 연주를 할 수 있다. 이는 음악교과의 음악적 경험과 연계되는 측면으로, 유아는 자신만의 방식으로 창의적 표현을 즐기게 된다. 유아는 다양한 재료와 도구에 관심을 가지고 표현하는 과정을 통해 자신의 생각이나 느낌을 자유롭게 표현할 수 있게 된다. 유아는 주변 환경에서 접하는 다양한 자료를 활용하여 그리기, 구성하기, 만들기, 꾸미는 것과 같은 미술표현을 즐겨 하며 이러한 유아의 미적 경험은 놀이와 일상에서 생각과 감정을 풍부하게 표현하는 데 도움을 준다. 이는 미술교과의 미적 경험과 연계되는 측면으로, 유아는 자신만의 방식으로 창의적 표현을 즐기게 된다. 동작교육과 관련이 있는 교육과정 내용은 「신체나 도구를 활용하여 움직임과 춤으로 자유롭게 표현한다」이다. 유아가 신체와 도구를 활용하여 움직임과 춤으로 생활 주변에서 발견한 내용, 유아 자신의 생각과 느낌을 표현하는 측면이 강조되며, 이 과정에서 유아는 기본운동기술과 동작요소를 활용하여 구조적 표현, 반구조적 표현, 창의적 표현을 경험할 수 있다.

■ 예술 감상하기

유아는 일상에서 음악과 관련 있는 예술을 감상하고 상상하기를 즐길 수 있다. 또한 또래가 부르는 노래나 연주뿐만 아니라 일상에서 다양한 음악을 듣고 감상하며 예술표현을 존중하게 된다. 이는 음악교과의 음악적 경험 중 감상하기에 해당하는 내용이다. 교사는 유아가 우리나라의 전통음악에도 관심을 가지고 감상할 수 있는 기회를 제공할 필요가 있다. 유아는 일상에서 접하는 다양한 예술을 감상하고 상상하기를 즐기는데, 또래가 만드는 미술작품뿐만 아니라 일상에서 다양한 미술을 보고 감상하며 예술표현을 존중하게 된다. 이는 미적 경험 중 감상하기에 해당하는 내용이다. 또한 일상생활에서 또래가 만드는 움직임, 그리고 다양한 춤과 움직임을 감상하며 심미감을 경험하고, 움직임을 표현하는 예술에 친숙해지게 된다. 이는 동작교육의 감상과 관련이 있다. 교사는 유아가 우리나라의 전통예술에도 관심을 가지고 감상할 수 있는 기회를 제공할 필요가 있다.

※ 초등학교 1~2학년 내용요소

음악교과와 관련 있는 초등학교 1~2학년군 교과과정은 즐거운 생활이다. 즐거운 생활 교과는 주제를 중심으로 경험하며 학습자가 창의적 표현능력을 기르며, 일상생활을 즐겁게 영위하고, 문화적 소양을 함양하도록 하고 있다. 초등학교 1~2학년 동안 소리 등에 대한 심미적 감성 능력을 기르며, 활동에 참여하는 과정을 통해 기초적인 표현 기능을 익히도록 하고 있다. 이러한 측면을 고려하여 유아의 음악 경험도 유아가 놀이하고, 표현하고, 감상하는 과정을 통해 음악적 요소와 음악적 경험이 통합될 수 있는 다양한 기회 제공에 초점을 두며 교육과정의 연계를 할 수 있다. 미술교과와 관련한 내용은 통합교과로 제시하고 있으며 학습자가 미술과 관련한 다양한 경험을 할 수 있도록 제시하고 있으나 미적 요소와 관련한 사항은 3~4학년군부터 강조하고 있다. 초등 1~2학년에서는 구체적으로 미술에 대한 내용을 강조하기보다는 즐겁게 다양한 표현을 하며, 감상할 수 있는 것에 초점을 두고 있음을 의미한다. 따라서 유아의 미술과 관련한 경험은 유아가 다양한 표현 기회를 갖는 데 의의를 두어야 하며, 미술표현이 유아의 생각, 감정 등 여러 측면을 표현하는 하나의 방법으로 활용할 수 있는 것임을 알 수 있다.

5) 자연탐구 영역과 교과

(1) 자연탐구 영역과 관련 교과 관계 이해

자연탐구 영역은 유아가 호기심을 가지고 궁금한 것을 적극적으로 알아보고 생활 속에서 수학적 경험과 과학적 경험을 할 수 있는 내용으로 구성하고 있다. 유아가 자신을 둘러싸고 있는 주변 세계에 대해 호기심을 가지고 궁금한 것을 적극적으로 알아보는 탐구과정에서 수학적 경험과 과학적 경험을 즐기는 것을 목표로 구성한 영역이다. 이 영역은 탐구과정 즐기기, 생활 속에서 탐구하기, 자연과 더불어 살기의 3개의 내용범주와 총 13개의 내용을 포함하고 있다. '탐구과정 즐기기'는 유아가 주변 세계와 자연에 대해 지속적으로 호기심을 가지고 궁금한 것을 알아보는 탐구과정에 적극적으로 참여하며, 서로 다른 생각에 관심을 갖도록 교육내용을 제시한다. 이는 유아수학교육, 과학교육과 모두 관련이 있다. '생활 속에서 탐구하기'는 수 세기, 길이와 무게 속성 비교, 반복되는 규칙 찾기, 자료 분류와 같은 측면을 일상에서 탐구하고 경험하는 내용을 제시하고 있는데 이는 유아수학교육과 관련이 있다. '생활 속에서 탐구하기'는 유아가 주변에서 쉽게 발견할 수 있는 친숙한 물체나 물질의 크기, 모양, 색, 냄새, 소리, 질감과 같은 기본적 특성에 관심을 가지고 탐색하며, 여러 가지 방법으로 변화시켜 보면서 변화되는 특성과 변화되지 않는 특성이 무엇인지 알아보는 내용도 제시하고 있다. 또한 유아가 관심을 가지고 있는 도구나 놀잇감을 여러 가지 방법으로 활용해보고 만들어 보는 경험을 통해 생활 속에서 활용하는 도구나 기계에 관심을 가지는 내용도 제시하고 있다. 이는 유아과학교육과 관련이 있다. '자연과 더불어 살기'는 유아가 주변의 동식물에 대해 관심을 가지고 생명과 자연환경을 소중히 여기며 날씨와 계절의 변화를 생활과 관련 짓는 내용으로 구성되어 있고 유아과학교육과 관련이 있다. 자연탐구 영역과 관련 교과의 관계는 다음과 같다.

표 4-7 ▶ 자연탐구 영역과 관련 교과

5개 영역	범주	관련 교과
자연탐구 영역	탐구과정 즐기기	유아수학교육/유아과학교육
	생활 속에서 탐구하기	유아수학교육/유아과학교육
	자연과 더불어 살아가기	유아과학교육

유아기는 수학 개념이 발현하기 시작하는 시기이다. 유아는 일과 속 일상에서 경험을 통해 수학에 대한 이해가 증가할 수 있다. 따라서 유아가 기관에서 하는 다양한 놀이와 활동을 통해 수학교과 내용을 구성하는 다양한 수학적 개념을 인식하고 활용할 수 있는 기회가 필요하다. 이러한 기회의 반복을 통해 유아는 수학 과정기술이 향상되고 수학 개념에 대한 이해가 가능해진다. 교사는 유아가 주변 세계에서 다양한 수학적 과정기술을 활용할 수 있는 기회를 제공해야 하고, 생활 속에서 수학적 개념을 탐구할 수 있도록 지원하여 유아가 수학적으로 탐구하는 과정을 즐기고 생활 속의 문제를 수학적으로 탐구할 수 있는 역량을 기를 수 있도록 해야 한다.

유아는 과학을 배울 수 있는 가능성을 가진 어린 과학자이다. 구체적이고 추상적으로 사고할 수 있으며 합리적 과정을 거쳐 이유를 생각할 수 있다. 또한 배움에 대한 열망이 있고 호기심이 많으며 배울 준비 역시 되어 있다. 유아는 일상에서 다양한 과학 현상을 경험하고, 탐구하며 놀이와 활동을 통해 과학적 경험을 표상하기도 하며, 놀이의 과정에서 과학적 개념을 형성해 나가기도 한다. 따라서 유아 시기부터 과학적 소양을 함양할 수 있도록 과학교육을 실시해야 한다. 유아과학교육은 일상생활에서 시작해야 한다. 유아는 일상에서 경험하는 다양한 대상(자연현상, 사물, 사건, 사람)을 통해 과학의 기초개념을 형성할 수 있다. 동시에 탐구하고자 하는 능력과 태도를 형성할 수 있도록 적절한 환경과 경험을 제공해야 한다. 교사는 유아가 주변 세계에서 다양한 과학적 탐구능력과 태도를 활용할 수 있는 기회를 제공해야 하고, 생활 속에서 과학적 개념을 탐구할 수 있도록 지원하여 유아가 과학적 탐구하는 과정을 즐기고 생활 속의 문제를 과학적으로 탐구할 수 있는 역량을 기를 수 있도록 해야 한다. 또한 유아가 생명과 자연을 존중하여 자연과 더불어 살아가는 태도를 가질 수 있도록 해야 한다.

(2) 자연탐구 영역 내용과 관련 교과 내용 연계하여 읽기

교육과정에서 제시하고 있는 교육내용과 교과의 관련성은 다음과 같다.

표 4-8 ▶ 자연탐구 영역과 유아수학교육

교과		
수학교육, 과학교육		
범주		내용
수학	수학적 과정기술	• 문제해결하기 • 추론하기 • 의사소통하기 • 표상하기 • 연계하기
과학	과학적 탐구기술과 태도	• 관찰하기 • 분류하기 • 측정하기 • 예측하기 • 토의하기 • 실험하기 • 과학적 태도
수학	수학적 개념	• 수와 연산 • 공간과 도형 • 측정 • 규칙성 • 자료수집과 정리
과학	과학적 개념	• 물체와 물질의 특성과 변화 • 도구와 기계
		• 생명체와 자연환경 • 자연현상

➔

2019 개정 누리과정 5개 영역	
자연탐구 영역	
내용범주	3~5세
탐구과정 즐기기	• 주변 세계와 자연에 대해 지속적으로 호기심을 가진다. • 궁금한 것을 탐구하는 과정에 즐겁게 참여한다. • 탐구과정에서 서로 다른 생각에 관심을 가진다.
생활 속에서 탐구하기	• 물체를 세어 수량을 알아본다. • 물체의 위치와 방향, 모양을 알고 구별한다. • 일상에서 길이, 무게 등의 속성을 비교한다. • 주변에서 반복되는 규칙을 찾는다. • 일상에서 모은 자료를 기준에 따라 분류한다.
	• 물체의 특성과 변화를 여러 가지 방법으로 탐색한다. • 도구와 기계에 대해 관심을 가진다.
자연과 더불어 살아가기	• 주변의 동식물에 관심을 가진다. • 생명과 자연환경을 소중히 여긴다. • 날씨와 계절의 변화를 생활과 관련짓는다.

■ 탐구과정 즐기기

자연탐구 영역의 탐구과정 즐기기는 수학교과의 수학적 과정기술과 과학적 탐구기술과 태도 내용을 포함한다. '탐구과정 즐기기'는 유아가 호기심을 가지고 탐구하는 과정에 즐겁게 참여하며, 서로 다른 생각에 관심을 갖는 과정에서 탐구과정을 즐길 수 있다고 밝히고 있다. 유아는 일상생활 속에서 궁금한 것을 탐구하는 과정을 경험하면서 다양한 수학적 과정기술을 경험할 수 있다. 수학적 과정기술은 유아가 일상에서 수학을 경험하는 과정에서 필요한 기술을 의미하며 문제해결하기, 추론하기, 의사소통하기, 표상하기, 연계하기가 있다. 다양한 수학적 과정기술을 사용하여 탐구하는 경험을 통해 유아는 수학적 개념을 점차 형성해 갈 수 있다. 유아는 주변 세계와 자연에 대해 호기심을 갖고 탐구하는 과정에서 다양한 탐구기술을 사용한다. 유아는 관찰, 분류, 측정, 예측, 토의, 실험하기와 같은 탐구기술을 사용하여 탐구과정에 참여하며 탐구능력을 형성하게 된다. 일상에서 다양한 탐구경험 참여를 통해 유아는 점차 과학을 좋아하고, 과학의 이로운 점을 알아가게 되며 과학적 소양을 형성해 가게 되는데 이러한 과정은 과학적 태도 형성과 관련이 있다. 다양한 탐구기술을 사용하여 탐구하는 경험을 통해 유아는 과학적 개념을 점차 형성해 갈 수 있다.

■ 생활 속에서 탐구하기

자연탐구 영역의 생활 속에서 탐구하기는 수학교과에서 다루고 있는 교육내용을 유아가 일상생활에서 쉽게 경험하는 내용을 중심으로 구성하고 있다. 일상에서 수에 대한 경험을 하고, 수량의 변화를 알아보기도 하며 공간에서 공간적 관계와 모양을 경험할 수 있도록 내용을 제시하고 있다. 또한 일상에서 길이나 물건을 측정하고 비교하며, 주변에서 볼 수 있는 규칙을 찾고, 유아가 필요한 정보를 수집하여 분류해 볼 수 있도록 하고 있다. 이는 수학교과 내용과 밀접하게 관련이 있다. 수에 대한 경험과 수량의 변화는 수학교과의 수와 연산에 관한 내용으로 수에 대한 기본적 개념, 수세기, 숫자 읽기와 쓰기 등의 내용을 포함한다. 「물체의 위치와 방향, 모양을 알고 구별한다」는 교육과정의 내용에는 공간과 도형에 관한 교과내용을 포함하고 있는데 공간에 관한 기초적 개념과 도형에 관한 기초적 개념을 의미한다. 「일상에서 길이, 무게 등의 속성을 비교한다」는 수학교과의 측정을 내용으로 포함하고 있다. 유아는 일상에서 길이와 무게를 비교하고, 순서짓고, 측정함으로써 속성을 비교할 수 있게 된다. 주변에서 반복되는 규칙을 찾는다는 교육과정 내용은 수학교과의 규칙성과 관련이 있으며 유아가 주변에서 마주하게 되는 사물, 환경 등에서 규칙성을 발견하는 내용을 포함하고 있다. 마지막으로 「일상에서 모은 자료를 기준에 따라 분류한다」는 교육과정 내용은 자료 수집과 정리에 관한 교과내용과 관련이 있으며, 유아가 수집한 자료를 다양한 방법으로 조직하고 분류하며 적절한 방법으로 결과를 제시할 수 있도록 하는 내용을 담고 있다. 이처럼 교육과정 내용과 교과의 내용은 서로 관련성이 있다. 따라서 교사는 수학교과의 내용과 교육과정의 자연탐구영역의 내용을 이해하고 관련성을 인식할 수 있어야 한다. 또한 유아의 수학적 경험을 지원할 때 유아의 놀이와 일상에서 유아의 흥미와 관심을 파악하고 유아에게 적합하고 적절한 방식으로 지원할 필요가 있다.

자연탐구 영역의 생활 속에서 탐구하기는 과학교과에서 다루고 있는 교육내용을 유아가 일상생활에서 쉽게 경험하는 내용을 중심으로 구성하고 있다. 일상에서 경험을 통해 물체의 특성과 변화를 여러 가지 방법으로 탐색하는 교육내용은 유아과학교육의 물체와 물질의 특성과 변화에 관한 내용과 관련이 있다. 유아가 주변의 여러 가지 물체와 물질의 기본적인 특성을 알아보고 여러 가지 방법으로 변화시켜보는 내용을 의미한다. 유아는 다양한 감각을 활용하여 물체와 물질의 기본적 특성을 탐색하며 알아가게 된다. 이러한 특성에 대한 인식을 통해 점차적으로 다양한 방법을 활용하여 물체와 물질을 변화시켜보며, 달라지는 것과 달라지지 않는 특성에 대해 경험할 수 있다. 유아가 일상에서 다양한 도구와 기계를 접하고 활용하는 경험을 할 수 있다는 교육내용은 과학교과의 도구와 기계와 관련이 있다. 유아가 일상생활에서 도구와 기계를 활용하는 과정을 통해 도구와 기계의 특성을 알아가고, 장점과 단점에 대해 경험하며, 상황에 적절하게 도구와 기계를 활용하고, 필요한 도구와 기계를 만들어 갈 수 있다는 내용을 담고 있다. 이처럼 교육과정 내용과 교과의 내용은 서로 관련이 있다. 따라서 교사는 과학교육의 내용과 교육과정의 자연탐구영역의 내용을 이해하고 관련성을 인식할 수 있어야 한다. 또한 유아의 과학적 경험을 지원할 때 유아의 놀이와 일상에서 유아의 흥미와 관심을 파악하고 유아에게 적합하고 적절한 방식으로 지원할 필요가 있다.

▪ 자연과 더불어 살기

자연탐구 영역의 자연과 더불어 살기 내용범주는 유아가 주변의 동식물과 자연현상에 대한 경험을 통해 과학적 개념을 형성할 수 있도록 내용이 구성되어 있다. 「유아가 주변의 동식물에 관심을 가진다」는 과학교과의 생명체와 자연환경과 관련이 있다. 유아가 관심 있는 동식물을 관찰하면서 특성(이름, 생김새, 먹이, 서식지 등)과 동식물의 서로 비슷하거나 다른 성장 과정을 알아가는 내용을 포함하고 있다. 유아는 동식물과 자연환경에 관심을 가지며 점차 생명과 자연환경을 소중히 여길 수 있게 되는데, 이러한 교육내용 역시 과학교육의 생명체와 자연환경과 관련이 있다. 유아가 생명체를 소중히 여기는 마음을 가지고, 생명체가 살기 좋은 환경에 대해 알아가며, 이러한 환경을 형성하기 위해 노력할 수 있도록 하는 내용을 포함한다. 마지막으로 「날씨와 계절의 변화를 생활과 관련짓는다」는 과학교과의 자연현상과 관련이 있다. 유아가 일상에서 경험하는 날씨와 기후 변화 등과 같은 자연현상에 관심을 가지고, 우리 생활과의 관계를 이해하며, 낮과 밤·계절의 변화와 규칙성에 대해 경험하는 내용을 담고 있다. 유아의 놀이와 일상경험을 관찰하고 경청하며 유아의 경험이 교육적 경험이 될 수 있도록 적절하게 지원할 수 있어야 한다.

※ 초등학교 1~2학년 내용요소

초등학교 1~2학년 수학에서 제시하는 내용요소 중 유아의 경험과 연계가 가능한 내용요소는 수와 연산(4자리 이하의 수), 도형(평면도형, 입체도형), 측정(양의 비교, 길이), 규칙성(규칙 찾기), 자료와 가능성(분류하기, 표, ○×를 이용한 그래프)이다. 초등 1~2학년군의 교육과정에 대한 이해를 통해 교사는 계열성, 적정성, 연계성, 접합성을 고려하며 유아의 수학적 경험을 보다 풍부하게 지원할 수 있다. 과학교육과 연계되는 초등학교 1~2학년 교육과정은 통합교과이며, 주제를 중심으로 내용을 제시하고 있다. 봄, 여름, 가을, 겨울 주제를 통해 「생활도구, 식물의 자람, 생명존중, 동식물 탐구, 동식물 보호, 날씨와 생활 이해」의 내용요소를 제시하고 있으며, 각 내용요소는 유아의 경험과 연계 가능하다. 초등 1~2학년군의 교육과정에 대한 이해를 통해 교사는 유아의 과학적 경험을 보다 풍부하게 지원할 수 있다.

토론해 보자

1. 유아교육과정과 교과의 관계를 설명해 보자.

2. 누리과정의 〈5개 영역–내용범주–내용–교과내용〉의 관계를 설명해 보자.

제Ⅱ부

유아교과교육의 실제

Ⅱ부 구성과 읽기

Ⅱ부에서는 지금까지 살펴본 유아교과교육 관련 이론들이 실제 유아교육현장에서 어떻게 실천되고 있는지를 구체적 사례를 중심으로 살펴보고자 한다. Ⅱ부의 실제를 읽기 전에 Ⅱ부가 어떻게 구성되어 있으며, 어떻게 읽고 이해하는 것이 수월할지를 안내하고자 한다.

개정 누리과정의 5개 영역, 59개 내용은 유아의 경험을 나타낸 것으로 유치원과 어린이집의 하루 일과에서는 놀이, 일상생활, 활동의 모습으로 구현된다. 59개 내용 모두가 교과지식을 의미하는 것은 아니지만 유아가 경험하는 과정에서 교과와 연계된 부분이 있어, 교사는 이를 기반으로 유아의 경험을 지원하는 노력이 필요하다.

<59개 내용과 교과 관련 내용구성의 예시>

㉠ 내용	㉡ 유아의 경험 일상, 놀이, 활동에서의 예	㉢ 교과 관련 내용	㉣ 교과 관련 교사 지원
기초적인 이동운동, 제자리 운동, 도구를 이용한 운동을 한다.	친구와 공 던지기 놀이를 하고 있다. 상대편 유아가 던진 공이 머리 위쪽으로 오자 공이 가는 방향으로 팔을 뻗어 공을 잡으려 하지만 놓친다. 공이 땅에 떨어져 굴러가자 공이 굴러가는 방향으로 빠르게 달려간다.	이동운동, 공을 이용한 조작운동	- 공의 움직임에 따라 신체를 움직이는 방향과 빠르기를 조절할 수 있다. - 공 굴리기, 공 전달하기, 공 던지기 등 도구를 충분히 경험할 수 있는 신체활동을 제공할 수 있으며, 공 이외 유아들이 사용할 수 있는 다양한 신체활동 도구를 개별 운동능력에 따라 제안할 수 있다.

㉠ 누리과정 59개 내용 ㉡ 교과와 관련된 부분을 밑줄로 표시 ㉢ 교과 내용 ㉣ 교과 내용을 기반으로 한 교사의 역할

<각 영역별 제시된 통합사례의 예시>

㉠ 놀이에서 배움의 내용	㉡ 교사의 교과에 대한 고민	㉢ 교사의 지원
간식으로 나온 '백설기빵'을 본 유아들은 "이거 떡이야? 빵이야?"하며 이야기를 나눈다. "백설기니까 떡이지.", "아니다 빵이다 빵! 우리 동네 빵집에서 먹어봤다.", "나는 떡집에서 먹었다. 그러니까 떡이지.", "이거는 떡 아니거든. 떡은 쫄깃쫄깃하잖아. 이거는 빵맛이잖아."	유아들은 '백설기빵'이 떡인지 빵인지에 대하여 자신의 생각과 경험을 이야기하였다. 교사는 떡과 빵이 혼합된 퓨전음식임을 이야기해 주고 싶은 마음이 있었지만, 유아들이 문화가 혼합된 음식에 가진 흥미가 지속될 수 있도록 하기 위하여 유아들의 이야기를 경청하였다. 교사는 유아들의 호기심을 토대로 백설기빵을 만드신 분의 이야기를 들어보는 것이 좋겠다고 생각하였다.	교사는 유치원에 오후 간식을 제공해 주는 빵집과 떡집에 연락해서 백설기빵에 대한 이야기를 유아들이 직접 들어볼 수 있는 경험을 가질 수 있도록 '우리 동네 산책'을 계획하였다. 우리 동네 산책을 할 때 빵집과 떡집에 들려서 유아들이 가진 백설기빵에 대한 궁금증을 직접 물어보기로 하였다.

㉠ 유아의 경험 ㉡ 교과와 관련된 부분을 밑줄로 표시 ㉢ 교과 내용을 기반으로 한 교사의 역할

II부의 구성은 59개의 내용을 각 영역별로 해설하고 있으며, 유아의 경험이 나타나는 실제 모습에서 교과와 관련된 부분에 밑줄을 그어 표기하고 있다. 또한 밑줄 그은 내용이 어떠한 교과내용과 연결될 수 있는지 오른쪽 칸에 다시 설명하여 유아교사들이 쉽게 유아의 경험에서 교과를 읽어낼 수 있도록 구성하였다. 맨 오른쪽 칸에는 교사가 이해한 교과내용을 기반으로 유아의 경험을 어떻게 지원할 수 있을지, 즉 교사의 역할에 초점을 두어 설명하였다. 이 모든 내용은 하나의 예시이며 유아의 경험에서 교과를 읽어내고 교사를 지원할 수 있는 방안은 실제로 매우 다채로울 수 있다.

각 영역별 해당 내용을 해설한 이후, 영역별 맨 마지막에는 통합적 놀이 사례를 제시하였다. 통합적 놀이 사례에서는 59개의 내용이 순차적으로 나타나는 것이 아닌 놀이에서 통합적으로 나타나는 실제를 보여주고 있으며, 교사가 무엇을 고민하고 어떻게 지원하는지의 실제를 설명하고자 하였다. 특히 놀이 사례에서 교과와 관련된 부분에 밑줄을 긋고, 밑줄친 부분에 대해 교사가 무엇을 고민하고, 어떻게 지원하는지를 시각적으로 볼 수 있도록 흐름으로 제시하였다.

마지막으로 II부를 읽을 때 앞의 4장에서 각 영역별 내용과 교과를 체계적으로 설명한 부분과 맞추어서 함께 읽으면 더 쉽게 이해할 수 있어 도움이 될 것으로 보인다.

Chapter

5

신체운동 · 건강 영역과 교과의 실제

제5장 신체운동 · 건강 영역과 교과의 실제

[목표]

실내외에서 신체활동을 즐기고, 건강하고 안전한 생활을 한다.

- 신체활동에 즐겁게 참여한다.
- 건강한 생활습관을 기른다.
- 안전한 생활습관을 기른다.

[내용]

내용범주	내용
신체활동 즐기기	신체를 인식하고 움직인다.
	신체 움직임을 조절한다.
	기초적인 이동운동, 제자리 운동, 도구를 이용한 운동을 한다.
	실내외 신체활동에 자발적으로 참여한다.
건강하게 생활하기	자신의 몸과 주변을 깨끗이 한다.
	몸에 좋은 음식에 관심을 가지고 바른 태도로 즐겁게 먹는다.
	하루 일과에서 적당한 휴식을 취한다.
	질병을 예방하는 방법을 알고 실천한다.
안전하게 생활하기	일상에서 안전하게 놀이하고 생활한다.
	TV, 컴퓨터, 스마트폰 등을 바르게 사용한다.
	교통안전 규칙을 지킨다.
	안전사고, 화재, 재난, 학대, 유괴 등에 대처하는 방법을 알고 경험한다.

1. 신체운동·건강 영역에서 교과 읽기와 지원하기

1) 신체활동 즐기기 교과의 이해

유아가 스스로 신체를 움직이는 동안 자연스럽게 자신의 신체를 인식하고 조절하며, 실내외에서 다양한 신체활동에 자발적으로 참여하면서 신체활동을 즐기는 내용이다.

(1) 신체를 인식하고 움직인다.

유아가 자신의 신체에 관심을 가지며 신체 각 부분의 특성을 알고 다양하게 움직이는 내용이다. 유아는 놀이나 활동을 통해 신체 각 부분의 이름과 다양한 움직임을 경험하며, 두 가지 이상의 신체 부분을 자연스럽게 연결하여 움직인다.

내용	유아의 경험 일상, 놀이, 활동에서의 예	교과 관련 내용	교과 관련 교사 지원
신체를 인식하고 움직인다.	민 3세 유아가 팔을 얼굴 쪽으로 가져가 "냠냠냠" 소리를 내며 손으로 코끼리가 음식을 먹는 것처럼 움직인다. 옆에 있던 유아가 "허리를 이렇게 해야지."라고 말하며 몸을 숙여 보여준다. "다리는 쿵쿵 이렇게 움직이는 거야."라며 다리를 들었다 올렸다를 세게 반복하여 보여준다.	신체 각 부분의 명칭, 신체 움직임 특성 인식	- 코끼리라는 동물의 움직임을 "허리", "다리"라는 신체 명칭을 말하며, 신체 각 부분의 특성을 살려 움직이고 있다. - 다양한 동물의 움직임을 동영상이나 사진을 통해 관찰할 수 있으며, 신체 부분 또는 두 가지 이상의 신체 부분을 움직여 볼 수 있도록 신체 명칭을 이용하여 발문할 수 있다. (코끼리의 팔과 다리는 어떻게 움직이면 좋을까요?) - 머리, 어깨, 목, 배, 엉덩이, 허리 등 유아가 쉽게 이해할 수 있는 신체 부위를 중심으로 놀이를 계획한다.

(2) 신체 움직임을 조절한다.

유아가 몸을 움직이며 균형을 잡고, 몸이나 도구의 움직임을 다양하게 조절하는 내용이다. 또한 눈과 손을 협응하며 소근육 움직임을 조절하는 내용이다.

내용	유아의 경험 일상, 놀이, 활동에서의 예	교과 관련 내용	교과 관련 교사 지원
신체 움직임을 조절한다.	숲 체험에서 밧줄 징검다리의 줄을 잡고 올라 선다. 이를 통과하기 위해 팔은 위쪽 줄을 잡고, 발로 아래쪽 줄 위를 조금씩 옮겨가며 움직인다. 몸이 가우뚱하며 줄에서 떨어지려다 팔과 팔꿈치로 줄을 힘껏 잡아 다시 균형을 잡고 걸어간다.	신체 조절 및 균형	– 밧줄 위에서 균형을 잃었지만, 팔과 팔꿈치를 이용하여 신체를 움직이는 힘과 방향을 조절하며 균형을 잡고 있다. – 자신의 신체능력에 맞게 참여할 수 있도록 격려하며, 균형감을 발달시키고 신체를 조절할 수 있는 도구(평균대, 시소보드, 벽돌 징검다리 등)를 다양하게 제공한다.

그림 5-1 ▶ 밧줄 징검다리

그림 5-2 ▶ 신체를 조절하며 몸을 움직이는 유아

(신체조절) 몸의 균형을 잡기 위해 위쪽의 밧줄을 꽉 잡고, 발을 움직이기 위해 아래쪽을 바라보면서 조금씩 이동하고 있다.

(3) 기초적인 이동운동, 제자리 운동, 도구를 이용한 운동을 한다.

유아가 한 곳에서 다른 곳으로 몸을 움직이는 걷기 · 달리기 · 뛰어넘기 등의 이동운동, 구부리기 · 뻗기 · 돌기 등의 제자리 운동, 공 · 줄 · 후프 등의 도구를 이용한 운동을 하는 내용이다. 유아는 다양한 운동을 통해서 몸을 움직이는 방향과 공간에 대해 느끼고 힘과 빠르기를 조절하며 움직일 수 있다.

내용	유아의 경험 일상, 놀이, 활동에서의 예	교과 관련 내용	교과 관련 교사 지원
기초적인 이동운동, 제자리 운동, 도구를 이용한 운동을 한다.	친구와 공 던지기 놀이를 하고 있다. 상대편 유아가 던진 공이 머리 위쪽으로 오자 공이 가는 방향으로 팔을 뻗어 공을 잡으려 하지만 놓친다. 공이 땅에 떨어져 굴러가자 공이 굴러가는 방향으로 빠르게 달려간다.	이동운동, 공을 이용한 조작운동	– 공의 움직임에 따라 신체를 움직이는 방향과 빠르기를 조절할 수 있다. – 공 굴리기, 공 전달하기, 공 던지기 등 도구를 충분히 경험할 수 있는 신체활동을 제공할 수 있으며, 공 이외 유아들이 사용할 수 있는 다양한 신체활동 도구를 개별 운동능력에 따라 제안할 수 있다.

(4) 실내외 신체활동에 자발적으로 참여한다.

유아가 하루 일과에서 실내외의 다양한 신체활동에 자발적으로 즐겁게 참여하는 내용이다.

내용	유아의 경험 일상, 놀이, 활동에서의 예	교과 관련 내용	교과 관련 교사 지원
실내외 신체활동에 자발적으로 참여한다.	바깥 놀이터에 있는 길다란 공터에서 하얀 분필로 선을 긋고 있다. "달리기 같이 할 사람?" 하고 소리치자 "나도 할래."라고 말하며 아이들이 모인다. 출발선에 선 아이들이 "준비, 시작!" 하는 소리를 듣고 함께 출발한다.	신체활동의 자발적 참여	– 친구의 제안을 듣고, 달리기를 하기 위해 출발선을 찾아 선 것처럼 신체활동에 자발적으로 참여하고 있다. – 신체활동을 위한 공간을 특정한 장소로 한정 짓기보다 안전하게 움직일 수 있는 실내외 공간을 다양하게 활용한다. – 충분히 신체를 움직이는 경험을 통해 만족감, 즐거움 등을 느낄 수 있도록 격려한다.

2) 건강하게 생활하기 교과의 이해

유아가 스스로 몸과 주변을 깨끗이 하고, 즐겁게 식사하며, 자신의 신체 리듬에 맞게 휴식을 취하고, 질병을 예방하는 다양한 방법을 실천하는 내용이다.

(1) 자신의 몸과 주변을 깨끗이 한다.

유아가 손을 씻고 이를 닦는 등 몸을 깨끗이 하는 적절한 방법을 알고 실천하며, 자기 주변을 깨끗하게 정리정돈하는 내용이다.

내용	유아의 경험 일상, 놀이, 활동에서의 예	교과 관련 내용	교과 관련 교사 지원
자신의 몸과 주변을 깨끗이 한다.	점심 식사 후 자신의 양치 도구를 챙겨 화장실로 간다. 칫솔에 적당량의 치약을 짜고 윗니와 아랫니부터 '쓱싹 쓱싹' 하는 소리를 흥얼거리며 양치를 한다. 어금니와 혓바닥까지 양치를 마친 후에는 입을 헹구고 양치 도구를 챙겨 제자리에 둔다.	청결 및 위생	- 양치 도구를 사용하여 스스로 양치를 할 수 있다. 윗니, 아랫니, 어금니, 혓바닥까지 치아 곳곳을 깨끗하게 하는 방법을 알고 있다. - 이닦기뿐만 아니라 바르게 손씻기, 자신의 몸의 청결히 하는 방법, 주변을 정리하는 방법 등 일상에서 유아가 스스로 경험할 수 있도록 한다.

(2) 몸에 좋은 음식에 관심을 가지고 바른 태도로 즐겁게 먹는다.

유아가 몸을 건강하게 하는 음식에 관심을 가지고, 음식을 소중히 여기며, 제자리에 앉아서 골고루 즐겁게 먹는 내용이다.

내용	유아의 경험	교과 관련 내용	교과 관련 교사 지원
	일상, 놀이, 활동에서의 예		
몸에 좋은 음식에 관심을 가지고 바른 태도로 즐겁게 먹는다.	"여기 봐. 딸기가 빨갛게 되었어."라고 하며 잘 익은 딸기를 발견한다. 한 유아가 "나는 딸기 냄새는 좋은데 먹는 건 싫어."라고 말하자 "우리 엄마가 딸기는 몸에 좋대. 너도 한번 먹어 봐."라고 친구에게 딸기 하나를 따서 건네지만 그 친구는 고개를 저으며 받지 않는다. "난 딸기 씨가 싫거든."	영양, 식습관	- 딸기에 대한 서로 다른 기호도와 음식이 건강과 관련되어 있음을 어느 정도 이해하고 있는 것으로 파악된다. - 몸을 건강하게 도와줄 수 있는 음식과 그렇지 못한 음식을 구분해보는 활동을 유아들과 함께할 수 있으며, 서로 다른 음식 기호도 또한 존중할 수 있는 분위기를 조성한다.

그림 5-3 ▶ 딸기를 따며 "우리 엄마가 딸기는 몸에 좋대."

(영양, 건강과 음식과의 관계) 유아들이 직접 체험을 통해 다양한 음식 재료를 접하는 것은 음식과 건강과의 관계 및 다양한 식재료에 대한 이해도를 높이는 데 중요한 경험이 된다.

(3) 하루 일과에서 적당한 휴식을 취한다.

유아가 피곤하거나, 몸이 아프거나, 몸을 많이 움직여서 쉬고 싶을 때, 적절한 휴식을 취하는 내용이다.

내용	유아의 경험 일상, 놀이, 활동에서의 예	교과 관련 내용	교과 관련 교사 지원
하루 일과에서 적당한 휴식을 취한다.	현장체험학습을 마치고 교실에 들어오자마자 유아들이 바닥에 엎드린다. "선생님 진짜 다리가 아파요.", "나는 버스에서 잤더니 계속 자고 싶어."라고 말하며 하나둘 누워 있고 싶어 한다. 교사가 조용한 음악을 틀고, 불을 꺼주자 한참을 누워서 휴식을 취한다.	휴식의 필요	– 실외활동에 참여한 뒤, 피곤하거나, 다리가 아픈 자신의 몸 상태에 대해 인식하고 휴식의 필요성에 대해 이해하고 있다. 이에 자발적으로 휴식을 취하려는 태도가 보인다. – 개별적 신체 상태, 실내외 활동 여부에 따라 휴식을 취할 수 있는 시간과 아늑한 휴식 공간을 제공한다.

(4) 질병을 예방하는 방법을 알고 실천한다.

유아가 질병의 위험으로부터 건강을 유지할 수 있는 다양한 생활방식(몸을 청결히 하기, 날씨와 상황에 알맞은 옷 입기, 찬 음식 적당히 먹기, 정해진 시간에 자고 일어나기, 따뜻한 물 마시기 등)을 경험하는 내용이다.

내용	유아의 경험 일상, 놀이, 활동에서의 예	교과 관련 내용	교과 관련 교사 지원
질병을 예방하는 방법을 알고 실천한다.	"선생님, 오늘은 따뜻한 물을 가져왔어요."라고 말하며, 보온병을 보여준다. 옆에 서 있던 다른 유아가 "나도 가져왔는데, 엄마가 감기에 걸렸을 때는 따뜻한 물이 좋다고 했어. 보리차 물을 넣어 주셨어."라고 말하며 따뜻한 물을 마신다.	질병 예방	– 감기를 예방하는 방법으로 따뜻한 물에 대해 서로 다른 경험을 가지고 있다. 계절과 날씨에 따라 질병으로부터 건강을 지킬 수 있는 방법을 실천하고 있다. – 지역사회(보건소, 병원, 급식지원센터 등)와 연계한 건강교육(구강검진, 영양교육, 아토피 예방 등)에 참여한다.

3) 안전하게 생활하기 교과의 이해

유아가 안전하게 놀이하고 생활하며, 자주 접하는 TV, 컴퓨터, 스마트폰을 바르게 사용하고, 안전하게 다닐 수 있도록 교통안전 규칙을 지키며, 안전사고, 화재, 재난, 학대, 유괴 등의 위험한 일이 발생하였을 때 도움을 요청하거나 대처할 수 있는 방법을 경험하는 내용이다.

(1) 일상에서 안전하게 놀이하고 생활한다.

유아가 일상에서 위험한 장소, 상황, 도구 등을 알고, 안전한 놀이 방법과 놀이 규칙을 지키며 놀이하고 생활하는 내용이다.

내용	유아의 경험 일상, 놀이, 활동에서의 예	교과 관련 내용	교과 관련 교사 지원
일상에서 안전하게 놀이하고 생활한다.	미끄럼틀 위에서 다른 유아들도 줄을 서서 기다리고 있다. "너 이렇게 올라오면 안 돼. 우리가 내려갈 거야.", "선생님, 저 친구가 미끄럼틀을 거꾸로 올라와서 내려갈 수가 없어요."라고 울먹거리며 소리친다. 교사는 거꾸로 올라가려는 유아에게 "계단 쪽으로 올라가야 안전하게 미끄럼틀을 탈 수가 있어."라고 말하며 내려오라고 손짓한다.	놀이 기구의 안전한 사용	- 미끄럼틀에서 내려오는 쪽으로 올라가려고 하고 있는 유아를 발견하고 다른 유아들과 교사가 바르게 타는 방법을 알려주고 있다. 실외 놀이 기구를 안전하게 사용할 수 있는 규칙과 약속에 대해 알아보는 시간이 필요하다. - 실내외 놀이 기구나 도구에 맞추어 순서 지키기, 안전하게 놀이하기 등 놀이 규칙을 유아와 함께 정해본다. - 실내외 놀이공간에 위험한 장소가 없는지 수시로 점검한다.

(2) TV, 컴퓨터, 스마트폰 등을 바르게 사용한다.

유아가 일상에서 자주 접하는 TV, 컴퓨터, 스마트폰 등을 필요한 상황에서 적절하게 사용하며, 바른 자세로 이용하는 내용이다.

내용	유아의 경험 일상, 놀이, 활동에서의 예	교과 관련 내용	교과 관련 교사 지원
TV, 컴퓨터, 스마트폰 등을 바르게 사용한다.	"0,1,0,1,2,3,4,5,6," 그림을 그려 만든 스마트폰을 터치패드를 누르는 척하며, 번호를 말한다. 다른 유아와 서로 전화 놀이를 하다 "우리 유** 볼까?"라고 말하며 같이 스마트폰을 들여다보다 "나는 토요일에만 스마트폰을 볼 수 있어.", "나는 식당에 갔을 때 보여주는데, 캠핑 갔을 때도 봤어."라고 서로 이야기한다.	미디어 안전	- 스마트기기를 사용해 본 경험이 유아마다 다르다는 것을 알 수 있으며 스마트기기를 유용하고, 바르게 사용할 수 있는 방법에 대해 알아볼 수 있다. - 유아가 미디어기기에 의존하거나 과몰입하는 경향, 미디어에서 제공하는 정보를 있는 그대로 받아들이는 경향이 있어 바르게 사용하는 방법뿐만 아니라 좋은 정보를 제공받을 수 있도록 가정과 연계하여 지도한다.

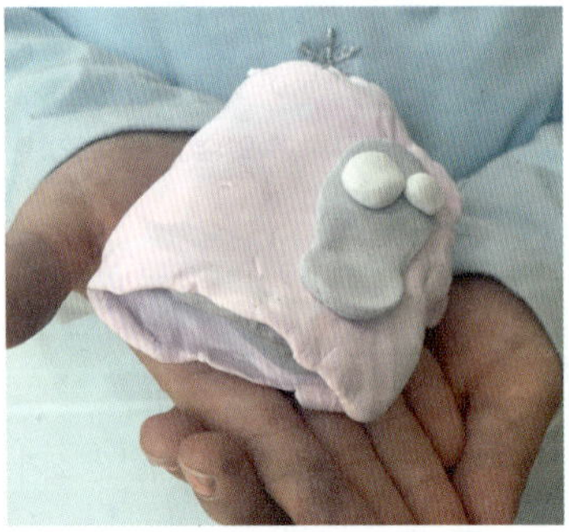

그림 5-4 ▶ 클레이로 만든 스마트폰을 보여주며 "선생님, 나 1학년 되면 폴더폰 갖고 싶어요."

그림 5-5 ▶ "여보세요? 준아야, 나야. 우리 내일 놀이터에서 만나서 놀까?"

(스마트기기 사용) 유아들의 놀이나 일상에서 스마트폰에 대한 관심이 증가하고 있다. 나만의 스마트폰을 만들거나 스마트기기를 사용하는 모습이 자주 발견된다.

(3) 교통안전 규칙을 지킨다.

유아가 안전한 보행 및 도로 횡단, 교통기관의 안전한 이용 등 교통안전 규칙을 알고 실천하는 내용이다.

내용	유아의 경험 일상, 놀이, 활동에서의 예	교과 관련 내용	교과 관련 교사 지원
교통안전 규칙을 지킨다.	유치원 버스에 올라타 민지: 지현아. 우리 벨트 매자. 지현: 응. 하고 있는데 잘 안 돼서, 여기에 꽂는 거지? 민지: 거기야. 내가 도와줄까? 지현: 아니, 혼자 할 수 있어. 지현은 스스로 벨트를 맨다.	대중교통 이용 시 안전수칙	– 유치원 버스에 올라 자리에 있는 벨트를 스스로 매어보려 한다. 대중교통 혹은 자동차 이용 시 안전벨트 착용의 필요성에 대해 인식하고 있으며 스스로 실천하려는 태도를 가지고 있다. – 안전벨트 착용 외에 유치원 버스 이용 시 안전수칙에 대해 알아보고, 바르게 대중교통을 이용하는 방법에 대해 알려줄 수 있다.

그림 5-6 ▸ 유치원 버스에 올라 "우리 벨트 매자."

그림 5-7 ▸ 통학버스 갇힘 사고 예방 교육

(대중교통 이용 시 안전수칙) 통학버스를 이용하는 유아들은 갇힘 사고 예방 교육이 필요하다.

(4) 안전사고, 화재, 재난, 학대, 유괴 등에 대처하는 방법을 경험한다.

유아가 안전사고, 화재, 재난, 학대, 유괴 등의 위험에 처한 상황을 알고, 주변에 도움을 요청하는 방법을 배우며, 평소 훈련에 따라 대피하는 연습을 하는 등의 안전 교육과 관련된 내용이다.

내용	유아의 경험 일상, 놀이, 활동에서의 예	교과 관련 내용	교과 관련 교사 지원
안전사고, 화재, 재난, 학대, 유괴 등에 대처하는 방법을 경험한다.	화재대피방송을 듣고, 교사가 나누어 주는 손수건으로 입을 막으며 자세를 낮추어 대피로로 향한다. "신발을 신고 가야 해."라고 한 유아가 말하자 몇몇 유아가 그 유아를 따라 대피로 반대편의 신발장을 향해 걸어간다. 교사는 "얘들아 맨발로 대피해도 괜찮아. 대피해야 할 시간이야. 어서 이쪽으로 와."라고 말하자 다시 대피로를 향해 돌아온다.	화재 발생 시 대피법	- 손수건을 사용해 연기를 막는 방법, 자세를 낮추어 대피하는 방법, 화재 대피로에 대해 알고 있지만 실제 화재 상황이 아니라는 것을 알고 신발을 신어야 한다고 생각하는 유아들이 있다. - 보다 실제와 유사한 모의 상황을 다양하게 설정하여 대처하는 방법에 대해 이야기 나누고 대피 훈련을 지속적으로 실시한다.

그림 5-8 ▶ "불이 나면 여기에 있는 방화 셔터가 내려온단다."

그림 5-9 ▶ 방화 셔터 안전교육

(안전-화재 발생 시 대피방법) 방화 셔터 끼임사고 이후 화재 대피로 이외에 방화 셔터가 내려올 시 대피할 수 있는 방법에 대해서도 안전교육이 필요하다.

2. 신체운동·건강 영역 교과교육의 통합적 접근

〈산새들에게 빨리 대피하는 방법을 알려줘요!〉는 신체운동·건강 영역 교과교육의 통합적 접근 놀이 사례이다. 유아들의 소방대피 훈련 경험은 바깥놀이터와 숲, 놀이실에서 그 에피소드를 달리하며 다양한 신체놀이로 지속되었고, 교사는 유아들의 변화되는 놀이의 에피소드에 집중하며 신체운동·건강의 교육내용과 교과의 얽힘을 지원하였다. ① 소방대피 훈련의 자세를 잘 잡는 방법이 유아들에게 신체놀이로 이어졌고, 교사는 그 순간을 유아들이 스스로의 신체를 인식하고 조절하는 신체활동으로 이어질 수 있는 방안을 고심하며, 신체 조절 활동을 즐길 수 있는 림보게임 놀이를 지원하였다. ② 숲에서는 유아들의 소방대피 훈련 경험이 산새들의 움직임과 산새들의 집 만들기로 이어졌는데, 교사는 '산불'이라는 자연재해의 상황과 사회적 문제 등이 유아들의 놀이 속에서 발생하는 것에 대한 염려와 그 순간을 교육적 순간으로 포착해야 하는가에 대한 망설임이 함께 했다. 하지만 교사의 염려와는 다른 방향으로 놀이는 펼쳐졌고, 교사는 산새의 움직임을 유아들이 잘 볼 수 있도록 다큐멘터리 영상을 지원하며 신체표현으로 확장해 나갔다. 이처럼, 소방대피 훈련이라는 경험은 유아들에게 시간을 달리하며 놀이 속에서 지속적으로 출현하였고, 교사는 끊임없이 유아의 경험과 교육과정, 교과와의 관계를 고민하며 놀이를 지원하였다.

본 사례에서는 유아들의 소방대피 훈련 경험이 ①~②의 놀이로 어떻게 지속되며, 교사가 유아의 놀이 지속에서 신체운동·건강 영역의 교육내용과 교과관의 얽힘 사이의 고민과 지원에 초점을 맞추어 살펴보길 권한다. 신체운동·건강 영역 교과교육의 통합적 접근이 ①~② 이후에 계속적으로 어떤 놀이로 이어질 것인지, ~③~④~(…)의 놀이를 상상해 보는 것도 신체운동·건강 영역과 교과의 얽힘을 이해하는 데 많은 도움이 될 것이다.

신체운동 · 건강 영역과 교과교육의 통합적 사례 : 산새들에게 빨리 대피하는 방법을 알려줘요!

❶

놀이에서 배움의 내용

"이렇게 한 손으로 코 막고, 허리 숙이고 다리는 조금 빠르게 움직이면서 대피해야 해요." 하며 불이 났을 때, 연기를 피해 대피하는 방법에 대하여 이야기를 나누며 신체를 움직인다. "그런데 엎드려서 빠르게 걸어가기가 좀 힘들다. 계속 걸어가면 더 힘들다." 하며 신체를 움직이는 어려움에 대해서도 이야기를 나눈다. "허리 많이 말고 조금만 숙이면 안 힘들고 빠른 걸음도 걸을 수 있다." 하며 다른 방법으로 신체를 움직여 보이기도 한다.

교사의 교과에 대한 고민

유아들은 바깥놀이터에서 소방대피훈련을 받은 후, 어떻게 하면 힘이 들지 않고 빠르게 대피하는 자세를 취할 수 있는가에 대한 다양한 이야기를 나누었다. 교사는 유아들이 소방대피 훈련을 받을 때 취했던 자세가 유아들에게 자신의 신체를 조절하여 움직일 수 있는 기회가 될 수 있을 것 같다고 생각하였다. 코, 손, 허리, 다리 등 자신의 신체를 인식하고, 뛰지 않으면서도 재빠르게 걷기 위해 자신의 신체를 어떻게 조절해야 하는지 유아들은 나름의 자세를 탐구하며, 신체활동에 자발적으로 참여하였다. 교사는 유아들의 이러한 자발적인 신체활동이 더욱 활발히 지속될 수 있는 방안을 고심하였다.

교사의 지원

교사는 유아들의 소방대피훈련 자세 취하기 놀이를 림보 게임과 연계시켰다. 림보를 할 수 있는 운동기구를 이용하여 높낮이를 조정하였고, 허리를 굽히고 신체를 조절하여 통과하는 놀이로 이어졌다. 유아들은 림보의 높이를 낮게 할수록 신체를 더욱 수축시키며 조심스럽게 움직여야 한다는 것을 발견해 내었다. '안전한 생활하기'라는 소방대피 훈련이 동기가 되어 유아들에게 신체 움직임을 조절하고 자발적으로 신체활동에 참여하며 즐길 수 있는 놀이로 확장되었다.

❷

놀이에서 배움의 내용

아이들이 숲에 도착하자 나무에 앉아 있었던 산비둘기가 황급히 날아간다. "숲에 불나면 산새들은 어떡하지?", "산새는 날개가 있으니까 불 없는 곳으로 날아가면 되지.", "산새 집이 불에 탈 수도 있으니까 통나무로 집 많이 지어 주자.", "아기 산새는 작은 집도 필요해."

"산새는 어떻게 하면 빨리 날아가지?", "우리처럼 허리를 숙이고 가야지!", "새는 허리가 없잖아. 이렇게 이렇게 머리를 숙이고 날개를 빨리 퍼덕거리면 더 빨리 날아갈 것 같다.", "우리가 숲에 갈 때 산새한테 알려주자."

교사의 교과에 대한 고민

소방대피훈련 이후 불에 대한 유아들의 관심은 지속되었다. 만약, 숲에 불이 난다면 산새들은 어떻게 대피를 할 것인지에 대하여 진지하게 고민하였다. 교사는 산불이라는 자연재해를 가정하여 놀이하는 것이 적절한가라는 고민을 하였다. 자연재해는 유아들의 놀이의 주제로 등장하기에는 사회적으로 무거운 이슈이기 때문이다. 또한 유아들은 숲에서 산새가 날아가는 모습을 자세히 보기를 원했으나, 산새들은 나무 사이를 이동하기 때문에 산새의 움직임이 나무에 가려져서 유아들이 원하는 만큼 산새의 모습을 보기 어려워 다른 지원이 필요했다.

교사의 지원

유아들로부터 자연스럽게 발생하는 산불이라는 놀이의 상황 가작화는 유아들이 신체활동에 자발적으로 참여하는 계기를 만들어 주었다. 산새들의 집을 지어주기 위하여 무거운 통나무를 친구와 협동하여 함께 옮기기, 높은 곳에 산새들이 있는지 살펴보기 위하여 나무 위로 올라가 보기, 아기 새들의 작은 집을 위하여 작은 나뭇가지를 모아 집을 구성하기 등으로 너무나 자연스럽게 이어졌다. 산불이 놀이 주제로 적당한가에 대한 교사의 고민은 유아들의 놀이가 점차 확장되면서 해결되었다. 유아들은 산불이라는 자연재해를 놀이의 주제로 삼았지만, 그 놀이는 다양한 나무를 이용하여 아기 새의 집을 만들며 신체활동하는 놀이로 변이되었기 때문이다. 또한 실내 놀이 시간에도 산새에게 빠르게 날개를 움직이기 위한 방법을 알려주기 위해 다큐멘터리 영상을 통해 산새가 날갯짓을 하며 날아가는 모습을 살펴보며 신체표현하는 시간도 가질 수 있었다.

활동해 보아요

♣ 놀이 속 교과지식 찾아보기

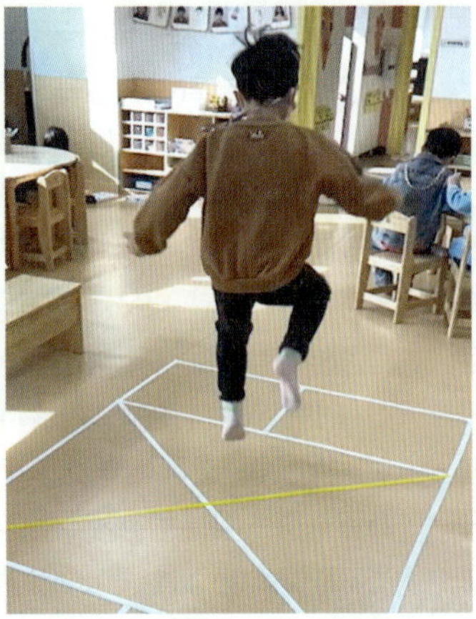

[교사의 놀이기록]

지훈이는 교사가 그려놓은 사방치기 판을 보자마자 "나 이거 알아요."라고 말하며 한 발-두 발-한 발을 뛰다 몸이 갸우뚱했지만 넘어지지 않고 균형을 잡는다.

마지막 칸에서는 몸을 돌려 다시 뛰기를 시작하려는 듯 사방치기 판을 보며 "한 발, 두 발, 한 발로 가면 되는 거잖아."라고 혼잣말한다. 몸을 돌린 뒤 두 발-한 발-두 발-한 발-두 발 뛰기를 하고 성공했다는 듯 미소를 지으며 제자리에서 한 발 뛰기를 계속한다.

- 위 놀이 사례에서 교과 관련 내용을 찾아보세요.
- 교과지식과 연계한 교사의 지원을 자유롭게 생각해 보세요.
- 신체운동 · 건강의 내용과 연계하여 유아를 지원할 수 있는 놀이나 활동 계획을 세워보세요.

Chapter

6

의사소통 영역과 교과의 실제

제6장 의사소통 영역과 교과의 실제

[목표]

일상생활에 필요한 의사소통 능력과 상상력을 기른다.

- 일상생활에서 듣고 말하기를 즐긴다.
- 읽기와 쓰기에 관심을 가진다.
- 책이나 이야기를 통해 상상하기를 즐긴다.

[내용]

내용범주	내용
듣기와 말하기	말이나 이야기를 관심 있게 듣는다.
	자신의 경험, 느낌, 생각을 말한다.
	상황에 적절한 단어를 사용하여 말한다.
	상대방이 하는 이야기를 듣고 관련해서 말한다.
	바른 태도로 듣고 말한다.
	고운 말을 사용한다.
읽기와 쓰기에 관심 가지기	말과 글의 관계에 관심을 가진다.
	주변의 상징, 글자 등의 읽기에 관심을 가진다.
	자신의 생각을 글자와 비슷한 형태로 표현한다.
책과 이야기 즐기기	책에 관심을 가지고 상상하기를 즐긴다.
	동화, 동시에서 말의 재미를 느낀다.
	말놀이와 이야기 짓기를 즐긴다.

1. 의사소통 영역에서 교과 읽기와 지원하기

1) 듣기와 말하기 교과의 이해

유아가 다른 사람의 말이나 이야기를 관심 있게 듣고, 자신의 경험, 느낌, 생각을 상황에 적절한 단어를 사용하며 말하고, 고운 말을 사용하는 내용이다.

(1) 말이나 이야기를 관심 있게 듣는다.

유아가 다른 사람이 하는 말과 흥미로운 주제, 익숙한 경험이 담긴 이야기에 관심을 가지며 듣는 내용이다.

내용	유아의 경험 일상, 놀이, 활동에서의 예	교과 관련 내용	교과 관련 교사 지원
말이나 이야기를 관심 있게 듣는다.	지은 : 우리 이야기 놀이하자. 민희 : 어떻게 하는 건데? 지은 : 내가 이야기하고, 그 다음은 네가 이야기하고, 그 이야기를 합치는 거야. 옛날 옛날에 키가 엄청 큰 사람이 있었대. 네 차례야. 민희 : 음, 키 큰 사람은 너무 키가 커서 차를 탈 수가 없었대. 지은 : 키 큰 사람은 매일 걸어 다녔대. 민희 : 그래, 그거네. 키 큰 사람은 너무 힘들었대. 지은 : 진짜 웃기다. 하하하.	집중하여 듣기	– "이야기 놀이"를 하는 두 유아는 서로의 이야기를 관심 있게 듣고 있으며, '키 큰 사람'이라는 주제로 흥미로운 이야기를 이어 가고 있다. – 유아들의 이야기가 깊이 전개될 수 있도록 교사가 새로운 이야기 소재를 제안할 수 있으며, 교사는 유아들의 이야기를 기록하여 다른 유아들이 참여하거나 다른 친구들에게 들려줄 수 있다.

(2) 자신의 경험, 느낌, 생각을 말한다.

유아가 상대방에게 자신의 경험, 느낌, 생각을 자유롭게 말하는 내용이다.

내용	유아의 경험 일상, 놀이, 활동에서의 예	교과 관련 내용	교과 관련 교사 지원
자신의 경험, 느낌, 생각을 말한다.	캠핑 놀이 중 음식을 차리며 상은 : 캠핑 갔을 때, 아빠가 구워준 감자가 진짜 맛있었어. 강진 : 원래 캠핑 가면 고기도 구워먹잖아. 나는 고구마도 구워먹어 봤는데, 진짜 달콤하더라. 채린 : 내가 고구마랑 고기를 꼬치에 끼워서 구워줄게. 너는 소세지 끼워서 구워줘. 여기 접시에 놓자.	경험, 느낌, 생각 말하기	– 캠핑을 다녀온 경험에 대해 이야기하자, 다른 유아들도 자연스럽게 캠핑에 가서 먹어 본 음식에 대한 경험을 연결하여 이야기 나누며, 놀이를 한다. – 교사는 유아들의 놀이에 자연스럽게 나타나는 경험, 느낌, 생각에 귀를 기울여 유아들의 관심, 흥미 등을 파악할 수 있으며, 경험을 나눌 수 있는 주제(예: 캠핑, 놀이터, 좋아하는 캐릭터 등)를 선정하여 이야기 시간을 마련한다.

그림 6-1 ▶ 캠핑놀이를 통해 자신의 경험, 느낌, 생각 나누기

(경험, 느낌, 생각 말하기) 유아들의 캠핑 경험이 놀이 속에서 함께 어우러져 나타나고 있다.

(3) 상황에 적절한 단어를 사용하여 말한다.

유아가 때와 장소, 대상과 상황을 고려하여 적절한 단어와 문장을 선택하여 말하는 내용이다.

내용	유아의 경험 일상, 놀이, 활동에서의 예	교과 관련 내용	교과 관련 교사 지원
상황에 적절한 단어를 사용하여 말한다.	미용실 놀이를 하고 있다. 긴 머리 인형을 가지고 온 유아가 "우리 콩콩이가 머리를 자르고 싶대요."라고 말하자 미용사인 유아가 인형의 머리를 쓰다듬으며 "어디 보자. 머리가 아주 길군요. 예쁘게 잘라줄게요."라고 말하며 장난감 가위를 인형의 머리카락에 갖다 댄다.	상황에 적절하게 말하기	- 상황이 있는 놀이는 유아들이 자연스럽게 그 상황에 적절한 언어를 고려하여 사용하게 되므로 유아들의 의사소통능력을 기를 수 있는 좋은 경험이 된다. - 놀이가 진행될수록 일방적으로 자신의 생각과 느낌을 전달하기보다 놀이 상대가 하는 말을 듣고 상황을 고려하여 말할 수 있도록 격려하며, 다양한 상황을 경험할 수 있는 놀이를 제공할 수 있다.

(4) 상대방이 하는 이야기를 듣고 관련해서 말한다.

유아가 다른 사람이 이야기하는 내용을 듣고 말하는 사람의 생각, 의도, 감정을 고려하여 말하는 내용이다.

내용	유아의 경험 일상, 놀이, 활동에서의 예	교과 관련 내용	교과 관련 교사 지원
상대방이 하는 이야기를 듣고 관련해서 말한다.	추석을 보내고 난 뒤, 친구들과 이야기를 나눈다. "나는 할머니 집에 가서 밤을 땄어. 엄청 따가운 가시가 있었는데, 그 안에 밤이 있더라. 여기 봐. 가시에 찔러서 진짜 아프기도 했어.", "어디보자. 가시 아팠겠다. 나는 무덤에 가서 절했어.", "그건 무덤이 아니고 산소야.", "응 산소에 가서 절을 많이 했어.", "추석에는 엄마가 할머니, 할아버지에게도 절을 해야 한다고 했어."	집중하여 듣기, 관련지어 말하기	- 이야기를 나눌 때에는 말하는 사람의 이야기에 집중하여 들을 수 있어야 하며, 말하는 사람의 생각이나 감정, 의도를 이해하고 이를 고려한 내용을 말하는 것이 중요하다. - 유아는 다른 친구와 함께 이야기하는 경험을 통해 새로운 생각이나 사건을 이야기 속에 첨가하여 생각을 확장시켜나가므로 교사는 실제 일어난 일, 상상한 일 등을 또래끼리 이야기할 수 있는 경험을 제공할 수 있다.

(5) 바른 태도로 듣고 말한다.

유아가 말하는 사람에게 주의를 기울이며 듣는 내용이다. 말을 끝까지 듣고, 자신의 의견을 말하는 내용이다.

내용	유아의 경험	교과 관련 내용	교과 관련 교사 지원
	일상, 놀이, 활동에서의 예		
바른 태도로 듣고 말한다.	자신이 만든 로봇을 친구들에게 소개하고 있다. "이건 변신할 수도 있고, 여기는 바퀴가 있는 다리도 있는데." 라고 말하며 생각하는 듯이 잠시 멈추자 "너무 목소리가 작아서 안 들려. 그리고 빨리빨리 말해줘. 내 것도 소개해야 한단 말이야."라고 짜증 섞인 말투로 말한다.	바른 태도로 듣고 말하기	- 듣는 사람에게 시선을 두고, 적절한 목소리로 말하는 것, 중간에 끼어들지 않고 기다리는 것, 말하는 순서를 지키는 등 말하고 듣는 사람이 지켜야 할 바른 태도를 가지는 것이 필요하다. - 교사는 유아들이 말하고 듣는 데 필요한 이야기 약속을 유아들과 함께 정할 수 있으며, 이를 지켜 바른 태도를 기를 수 있도록 지원한다.

"너무 목소리가 작아서 안 들려. 그리고 빨리 빨리 말해줘 내 것도 소개해야 한단 말이야!"

그림 6-2 ▶ 자신이 만든 로봇을 서로 먼저 소개하기

(바른 태도로 듣고 말하기) 나의 생각을 잘 전달하고 상대방과 원활한 의사소통을 위해서는 서로를 존중하고 배려하는 태도가 매우 중요하다.

(6) 고운 말을 사용한다.

유아가 일상생활에서 자주 쓰는 유행어, 속어, 신조어, 상대방을 비난하는 말을 사용하지 않고, 우리말을 바르게 사용하는 내용이다.

내용	유아의 경험	교과 관련 내용	교과 관련 교사 지원
	일상, 놀이, 활동에서의 예		
고운 말을 사용한다.	교사는 '나쁜 말 먹는 괴물' 그림책을 들려주며 "만약에 나쁜 말 괴물이 진짜 있다면, 괴물이 먹어 버릴 나쁜 말들은 무엇이 있을까요?"라고 유아들에게 물어본다. 유아들은 '똥꼬 냄새', '애송이', '똥고집', '멍청이', '바보' 등의 글자카드를 찾아서 괴물 입 속에 붙여본다. 교사가 "그럼 크고 무서운 괴물을 점점 작아지게 했던 말은 무엇이 있었나요?"라고 묻자 "사랑해", "미안해", "또 진짜 진짜 고마워"라고 답하며 "엄마가 매일 해주는 말 중에 넌 진짜 멋져라는 말도 있어요."라고 덧붙인다.	고운 말 사용	- 교사는 관련된 그림책을 읽어주며 바른 언어 사용에 대해 자연스럽게 이해할 수 있는 경험을 제공하고 있다. 유아들은 나쁜 말과 고운 말을 구분할 수 있다. - 최근 유행어, 신조어, 비속어를 접하게 되며, 일상생활에서 사용하게 되는 경우가 있다. 유아기는 새로운 언어에 관심을 가지고 다양한 어휘를 배우는 시기이므로 바르고 고운 말을 사용하여 언어 예절을 지킬 수 있도록 다양한 방식으로 지원할 수 있다.

2) 읽기와 쓰기에 관심 가지기 교과의 이해

유아가 말과 글의 관계에 관심을 가지고, 주변의 상징, 글자 등을 읽으며, 자신의 생각을 글자와 비슷한 형태로 표현해 보는 내용이다.

(1) 말과 글의 관계에 관심을 가진다.

유아가 일상에서 말이 글로, 글이 말로 옮겨지는 것에 관심을 갖는 내용이다.

내용	유아의 경험	교과 관련 내용	교과 관련 교사 지원
	일상, 놀이, 활동에서의 예		
말과 글의 관계에 관심을 가진다.	가족과 함께 보낸 일들을 유아들이 그림으로 그리고 있다. 한 유아가 "선생님, 엄마, 아빠, 동생과 함께 앵무새에게 먹이를 주고 왔어요라고 써주세요."라며 자신의 그림을 내밀자 교사는 유아가 말한 대로 글을 써주며 어떤 글자가 어떤 소리를 내는지 하나씩 다시 읽어준다. 여기 "엄마, 아빠, 동생과 함께 앵무새에게 먹이를 주고 왔어요라고 썼어."	글자·낱말·문장에 대한 흥미	- 유아는 자신의 말이 글로 표현될 수 있다는 것을 이해하고 있으며, 교사는 유아의 말을 주의 깊게 듣고 유아가 원하는 문장을 글로 표현해주고 있다. 이후 다시 읽어줌으로써 글에 관심을 가질 수 있도록 지원하고 있다. - 교사는 이처럼 유아의 말을 글로 옮기는 과정을 자연스럽게 보여줌으로써 말과 글의 관계에 대해 지속적으로 관심을 가질 수 있도록 지원할 수 있다.

(2) 주변의 상징, 글자 등의 읽기에 관심을 가진다.

유아가 일상에서 자주 보는 상징(표지판, 그림문자 등)이나 글자 읽기에 관심을 가지는 내용이다. 유아가 상징이나 글자에는 사람들의 생각과 감정, 정보가 담겨 있다는 것을 이해하는 내용이다.

내용	유아의 경험	교과 관련 내용	교과 관련 교사 지원
	일상, 놀이, 활동에서의 예		
주변의 상징, 글자 등의 읽기에 관심을 가진다.	유아들이 모여 '오늘의 도우미' 판을 보며 "오늘 도우미는 지수여? 지수여가 누구지?" 옆에 있던 다른 유아가 "진수영이잖아."라고 읽어준다. "아. 오늘은 진수영이랑 기주하가 도우미라는 거지?", "아이 참! 진수영이랑 김주하가 도우미야."	글자·낱말·문장에 대한 흥미	- 유아는 친구들의 이름에 관심을 가지고 있으며, 받침이 없는 글자 위주로 하나씩 읽고 있는 유아가 있다. - 유아에게 이름 글자는 일상에서 접할 수 있는 친숙한 글자에 해당한다. 교사는 학급(반) 유아의 이름 카드를 다양하게 활용함으로써 글자 모양을 접할 수 있는 좋은 기회를 제공할 수 있다.

(3) 자신의 생각을 글자와 비슷한 형태로 표현한다.

유아가 자신의 생각이나 말을 끼적거리거나 글자와 비슷한 선이나 모양, 글자와 비슷한 형태로 표현하는 내용이다.

내용	유아의 경험	교과 관련 내용	교과 관련 교사 지원
	일상, 놀이, 활동에서의 예		
자신의 생각을 글자와 비슷한 형태로 표현한다.	자신의 이름을 '10', '주', '호'로 적자 다른 유아가 "너 숫자 10을 적은 거야?", "아니, 나 '이'를 적은 건데."라고 말한다. "저건 10인데…"라고 말하며 "여기에 동그라미를 적고, 뒤에 1을 적으면 '이'가 되잖아."라며 가르쳐 준다. "아~그래. 이게 '이'라는 글자야. 내가 잠깐 헷갈렸네." 지우개로 '10'을 지우며 '이'로 바꾸어 적는다.	쓰기에 대한 흥미	- 글자 쓰기에 관심을 가지고 있으며, '이응'과 '이'의 순서를 바꾸어 적었지만 자음과 모음이 합쳐져 하나의 낱말이 된다는 것을 어느 정도 이해하고 있다. - 글쓰기는 유아가 수행하기에 쉬운 일이 아니다. 자음과 모음을 바꾸어 쓰거나 자음의 모양을 뒤집어서 쓰기도 하며, 순서를 다르게, 자음과 모음을 떨어뜨려 쓰기도 한다. 교사는 글쓰기의 과정이 자발적으로 이루어질 수 있도록 친숙한 글자를 써보는 경험을 제공할 수 있다.

3) 책과 이야기 즐기기 교과의 이해

유아가 다양한 책에 관심을 가지고 상상하며, 동화, 동시에서 말의 재미를 느끼고, 말놀이와 이야기 짓기를 즐기는 내용이다.

(1) 책에 관심을 가지고 상상하기를 즐긴다.

유아가 책에 흥미를 가지며 책 보는 것을 즐기고 상상하는 즐거움을 경험하는 내용이다.

내용	유아의 경험 일상, 놀이, 활동에서의 예	교과 관련 내용	교과 관련 교사 지원
책에 관심을 가지고 상상하기를 즐긴다.	교사가 들려주는 '고구마구마' 그림책을 들으며 "이 책 진짜 재밌다. 그런데 난 고구마는 안 먹어. 고구마 먹으면 목이 막히거든. 내가 제일 싫어하는 게 고구마인데, 책은 진짜 재밌네."라고 말한다. 이를 듣던 다른 유아가 "난 고구마 좋아해. 그런데 진짜 이상한 고구마가 많이 나오더라. 나 봐봐. 저 고구마 같지."라고 말하며 배를 부풀려 친구들에게 보여준다. "우린 쌍둥이 고구마처럼 하고 가자." 하며 친구와 함께 어깨동무를 하며 걸어간다.	문학에 대한 흥미	– 책의 내용과 자신의 생각을 연결짓거나 책 속 고구마 모습을 몸으로 표현해 보는 등 책 속에 나타난 다양한 고구마의 모습에 흥미를 보이고 있다. – 책을 읽고 난 뒤 유아들의 반응에서 알 수 있듯이 책 속 그림들은 유아가 책의 내용을 이해하고 책을 즐기는 데 중요한 단서가 된다. 교사는 그림책을 읽어준 뒤 유아들의 반응을 존중하며, 다양한 장르나 내용의 책을 접할 수 있도록 제공해줄 수 있다.

(2) 동화, 동시에서 말의 재미를 느낀다.

유아가 동화와 동시를 자주 들으며 우리말의 재미와 아름다움을 느끼는 내용이다.

내용	유아의 경험 일상, 놀이, 활동에서의 예	교과 관련 내용	교과 관련 교사 지원
동화, 동시에서 말의 재미를 느낀다.	'가을 풍경' 있는 사진과 함께 '가을길' 동시를 들려준다. 유아가 "♪빨갛게 빨갛게 물들었네. 노랗게 노랗게 물들었네~" 동시말을 흥얼거리며 노래를 부른다. 다른 유아들도 "나 그 노래 알아.", "빨갛게 빨갛게 맛있는 딸기. 노랗게 노랗게 맛있는 바나나.", "그 노래 아닌데, 그래도 재밌다.", "보랗게 보랗게 맛있는 포도~", "나도 해볼래."	문학에 대한 흥미, 말놀이와 말의 재미	– 유아들은 동시를 들으며 가을 풍경에 나타나는 색깔 묘사에 관심을 가지고 있는 것으로 보인다. 여러 가지 색깔과 그 색깔을 나타내는 사물을 연결짓고, 동시말을 바꿔 보며 말놀이를 즐기고 있다. – 동화, 동시와 같은 문학작품은 유아의 상상력을 자극하고, 언어의 아름다움을 경험할 수 있는 좋은 매개체이다. 교사는 다양한 매체를 활용하여 동화와 동시를 즐길 수 있도록 반복하여 들려줄 수 있다.

(3) 말놀이와 이야기 짓기를 즐긴다.

유아가 끝말잇기, 수수께끼, 스무고개 등 다양한 말놀이를 즐기는 내용이다. 자신의 경험, 생각, 상상을 기초로 새로운 이야기를 만드는 과정을 즐기는 내용이다.

내용	유아의 경험	교과 관련 내용	교과 관련 교사 지원
	일상, 놀이, 활동에서의 예		
말놀이와 이야기 짓기를 즐긴다.	지은: 우리 수수께끼 놀이하자. 우리 반에서 제일 키가 큰 사람은? 상호: 성준이잖아. 내가 내볼게. 가기 싫어도 가야 하는 것은? 지은: 뭐라고? 그게 뭐야? 상호: 시계잖아. 또 맞춰봐. 비가 올 때마다 반짝이는 개는? 지은: 나 그거 알아. 번개! 상호: 맞췄어.	말놀이와 말의 재미	- 서로에게 수수께끼를 내고 답을 맞추며 말놀이와 말의 재미를 즐기고 있다. - 교사는 수수께끼뿐만 아닌 끝말잇기, 스무고개 놀이 등 다양한 말놀이와 이야기 짓기를 통해 재미있고 아름다운 우리말을 경험할 수 있는 다양한 기회를 제공할 수 있다.

2. 의사소통 영역 교과교육의 통합적 접근

〈편지 배달 놀이, 비 오는 날의 '웅(엉)덩이'〉는 의사소통 영역 교과교육의 통합적 접근 놀이 사례이다. ① 말과 글의 관계, 즉 음성언어가 문자언어로 발생된다는 것의 발견은 쓰기 도구를 활용해 자신의 생각을 그림과 글자라는 문자로 표현하도록 유아를 이끌었다. 또한 ② 우체부 흉내를 내던 편지 배달의 놀이는 '씨'라는 글자의 발음과 의미로 인해 유아들에게 갈등을 유발하고, 말하는 상황과 듣는 태도, 바른 태도로 친구에게 이야기하는 것에 대한 상황을 발생시키기도 하였다. ③ 자신과 친구들의 상상적이고 창의적인 생각을 신체로 표현하여 그림자 동화를 만들고, 동생에게 그림책에 담긴 상징이나 정보를 보고 자유롭게 읽어주기도 하였다. 놀이가 깊어지면서 ④ 그림책, 신문지에서 글자의 모양을 찾는 놀이로 이어졌다. '엉덩이'의 '엉'과 '웅덩이'의 '웅'이 비슷한 글자의 형태를 가진다는 사실을 알아챈 유아들은 말놀이로 언어의 유희를 느끼기 시작했다. ⑤ 신문지를 활용해 아는 글자를 찾고, 친구들과 협동하여 글자를 몸으로 표현해 보기도 하였으며, ⑥ 편지를 배달해 준 동생을 위하여 동극을 만들어 동생반을 초청하기도 하였다.

본 사례는 ① 잎새반 동생의 그림편지 배달에서 시작된 놀이가 나무반에서 ②~③~④~⑤로 이어지고 얽히고 맴돌며 ⑥의 놀이를 생성해 유치원 전체에 퍼져나갔다. ①~②~③~④~⑤~⑥으로 이어지는 놀이 속에는 영유아의 연령소통, 갈등, 고민, 유희, 요청, 초대 등이 담겨 있다. 의사소통 영역의 교과 통합 놀이 사례에서 교사가 가장 주목해야 할 부분은 유아들 사이에서 발생하는 '소통'이다. 유아들 간의 작은 갈등, 유희적 말놀이 등을 교사가 먼저 해결해 주거나 빨리 소거되기를 바라며 교육 외적인 요소로 보는 것이 아니라, '의사-소통'으로 바라보며 교육적으로 의미 있는 순간이 될 수 있도록 교과와 연계하여 해석하고 지원할 필요가 있다. 또한 사소하고 우연히 발생하는 놀이거리, 작은 끼적임과 표현 등을 포착하는 눈을 교사가 가지기 위해서는 교육과정의 내용뿐만 아니라 의사소통 영역에 담긴 교과의 의미도 해석해 낼 수 있는 역량을 지녀야 할 것이다. 마지막으로 글자와 관련된 문해력에만 교과의 내용을 집중하기보다도 의사소통의 전반적인 역량을 증진할 수 있는 방안으로 본 놀이 사례를 통해 현장에 적용해 보길 권한다.

의사소통 영역과 교과교육의 통합적 사례 : 편지 배달 놀이, 비 오는 날의 '웅(엉)덩이'

1

놀이에서 배움의 내용

편지 배달 놀이를 하는 잎새반 수빈이는 나무반 선생님 모습을 그리고 "나무반 선생님 사랑해요."라고 말하며 자신의 생각을 글자와 비슷한 형태로 끼적였다. 수빈이는 자신이 끼적인 곳을 가리키며 "내가 나무반 선생님 사랑해요라고 썼어요." 하며 자신이 한 말을 글자로 표현했음을 자신의 담임교사에게 이야기를 했다.

교사의 교과에 대한 고민

수빈이는 '나무반 선생님 사랑해요'라는 나무반 선생님에 대한 자신의 생각과 말을 글자와 비슷한 선과 모양, 형태의 문자로 끼적이며 표현하였다. 수빈이의 담임교사는 수빈이가 끼적인 곳에 수빈이의 말(음성언어)을 글자(문자언어)로 표시해 주며 수빈이가 스스로 말과 글의 관계를 인지하고 나무반 선생님께 수빈이의 편지내용이 전달되길 지원했다. 수빈이는 말과 글의 관계를 알고 자신의 생각을 문자언어로 표현하기 위하여 쓰기 도구를 사용하는 것을 편지 배달 놀이 속에서 경험해 가고 있었다. 이 때 만약 교사가 수빈이에게 바른 글자의 형태를 알려주려 했다면, 수빈이는 자신의 글자 쓰기에 좌절하고 흥미를 잃게 될 수 있다. 이에, 교사는 수빈이가 편지 쓰기 놀이를 지속하면서 읽기와 쓰기에 관심을 가지며 스스로 배움을 즐겨나갈 수 있도록 지원하였다. 수빈이의 편지를 전달받는 나무반 선생님이 수빈이의 문자를 이해하고 답변해 줄 수 있도록 수빈이의 말을 글자로 표현해 주는 중간자 역할을 하였다.

교사의 지원

수빈이의 편지 쓰기와 배달 놀이는 수빈이의 언어발달의 한 시점을 보여주고 있다. 교사는 과도한 문자 교육 대신 수빈이가 놀이를 지속할 수 있도록 중간자 역할을 하며 놀이가 이어질 수 있도록 지원하였다. 수빈이가 놀이 중 표현한 편지, 끼적이기 자료 등을 누층적으로 수집하여 수빈이의 언어발달의 정도를 파악하고 그에 걸맞은 교육적 상호작용과 놀이지원 및 부모와의 상담자료에 적극적으로 활용할 수 있다.

❷

놀이에서 배움의 내용

수빈이는 잎새반에서 쓴 편지를 가지고 나무반 선생님께 편지 배달을 갔다. "동빈이 오빠, 나무반 선생님한테 편지 배달 왔어."라고 말하자, 동빈이는 큰 소리로 "나무반 선생님 씨~ 나무반 선생님 씨~ 계십니까?" 하고 우체부 아저씨 흉내를 내었다. 동빈이의 이야기를 들은 설이는 "야! 김동빈! 선생님한테 '씨' 하고 나쁜 말 하면 안 되거든!"이라고 말했다. 동빈이는 "'씨' 나쁜 말 아니거든! 우리 집에 우체부 아저씨 오면 우리 엄마한테도 김영희 씨~ 하면서 부르거든! 왜 알지도 못 하면서 화내는데!" 하며 속상해했다.

교사의 교과에 대한 고민

나무반 유아들은 일상생활에서 자주 쓰는 유행어, 속어, 신조어, 상대방을 비난하는 말을 사용하지 않고 우리말을 바르게 사용하는 것에 대하여 교사와 자주 이야기를 하였다. 그래서 설이는 동빈이가 나무반 선생님 뒤에 '씨'를 붙인 것을 선생님께 나쁜 말을 한 것으로 생각하고, 동빈이에게 화를 내었다. 교사는 화가 난 동빈이의 마음과 당황한 설이의 마음을 읽어주며 진정시킨 후 우리말은 다양한 뜻이 담길 수 있음에 대하여 짧게 이야기 나누었다. 교사는 "어른들끼리 이름을 높여 부를 때 이름 뒤에 '씨'를 사용할 수 있음에 대하여 이야기를 나누었다. '씨'라는 단어가 쓰이는 올바른 용법보다도, 고운 말의 사용을 중요하게 생각하는 설이를 응원하고, 친구의 말에 바로 화 내기보다도 바른 태도로 듣고 궁금한 것은 질문하는 등의 말하기의 태도에 대하여 함께 이야기를 나누는 시간을 가졌다.

교사의 지원

'씨'라는 단어를 설이는 '마음이 차지 않거나 못마땅할 때 쓰는 표현'으로 이해하고, 동빈이는 우체부 아저씨가 엄마의 이름을 부르는 것을 흉내 내어 나무반 선생님을 '나무반 선생님 씨'라고 부른 것이었다. 아이들의 놀이 상황에서 '씨'가 '어른들이 사람을 높이거나 대접하여 이름이나 성 뒤에 붙이는 표현'으로 바르게 이해하는 것보다도, 말하는 상황, 듣는 태도, 궁금한 것에 대하여 질문하며 바른 태도로 곱게 말하고 듣는 것에 대한 태도에 대하여 친구 사이의 작은 갈등을 통해 경험해 볼 수 있었다.

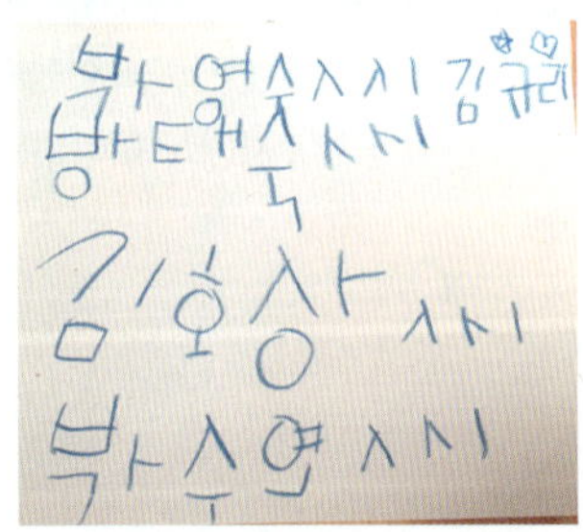

❸

놀이에서 배움의 내용	교사의 교과에 대한 고민	교사의 지원
 나무반 선생님을 위해 편지를 쓴 잎새반 동생들을 위해 나무반에서는 어떻게 답장을 할 것인지 이야기를 나누었다. "잎새반 동생은 글자를 모르는데 어떻게 하면 좋을까?"라는 교사의 질문에 설이는 "잎새반 동생이 좋아하는 개미 이야기 그림자 동화 만들어줘요." 하고 이야기를 하였고, 희선이는 "우리가 동생들한테 그림책 읽어줘요." 하며 글자를 모르는 동생을 위해 어떤 형태로 고마운 마음을 표현할 것인지 각자의 생각을 이야기하였다.	잎새반보다 연령이 높은 나무반이지만 자신의 생각과 느낌을 문자로 표현하거나 그림책의 내용을 글자 그대로 읽는 것은 극히 일부의 유아만 가능한 일임을 교사는 알고 있었다. 따라서 교사는 유아들이 그림책의 내용을 정확히 읽어 내용을 전달하기보다도 상상하여 말하기, 친구가 이어서 한 이야기에 자신의 생각을 섞어 말하며 창의적으로 이야기 표현하기가 놀이 속에서 더욱 발현될 수 있을 것으로 해석하였다. 	교사는 책에 관심을 가지고 상상하며 내용을 즐기는 것을 격려하였다. 그림책에 담겨 있는 상징이나 글자에 사람들의 생각과 감정, 정보가 담겨 있다는 사실을 유아가 놀이를 통해 느낄 수 있도록 자유로운 읽기를 독려하였다. 유아들이 그림책을 보고 상상한 내용을 영상으로 녹음하여 친구와 함께 들어보기, 잎새반과 연계하여 동생반에 책 읽으러 가는 시간을 마련하기, 유아들의 그림자 상상 동화를 만들어 동생반에 들려주기 등을 통해 책과 이야기를 즐기고 창의적으로 표현할 수 있도록 시간과 공간을 지원하며 상호작용 하였다. 

4

놀이에서 배움의 내용	교사의 교과에 대한 고민	교사의 지원
 "비 오는 날의 엉덩이? 비도 엉덩이가 있어요?" 하며 웃는다. "(웃으며) 야~ 비 오는 날의 엉덩이가 아니고 웅덩이~", "엉덩이하고 웅덩이하고 글자가 비슷해.", "엉덩이 웅덩이 엉덩이 웅덩이? (웃음)"	유아들은 '웅덩이' 글자 모양이 '엉덩이'와 유사함을 인지하고는 '비오는 날의 엉덩이'라고 말하며 말놀이를 하였다. 교사는 유아들의 유희적인 말놀이가 언어발달에 도움이 된다는 것을 알고 있으면서도 점차적으로 엉덩이라는 것에 관심을 가지는 것에서 혹여나 신체적 놀림으로 이어질까 염려되었으나, 유아들은 교사의 예상과는 달리, 단어의 유사성을 가지고 말을 만들어가는 놀이를 즐겼다.	유아들은 엉덩이, 웅덩이, 엉덩이, 웅덩이 말놀이하기를 즐기며 언어의 유희로 놀이를 이어갔다. 교사는 유아들의 말을 글로 받아쓰며 동시로 만들었다. 교사는 엉덩이-웅덩이처럼 비슷한 글자 모양을 찾아서 동시를 더 길게 지어보자고 제안을 하였고, 유아들은 교사의 제안에 흥미를 보이며 비슷한 글자 모양을 그림책에서 찾고 동시판에 기록하는 놀이로 이어갔다. 

5

놀이에서 배움의 내용	교사의 교과에 대한 고민	교사의 지원
 "어! 웅이다 웅! 엉이다!" "이거는 웅이 아니고 내 이름에 나오는 글자다. '후' 같은데?" "숨은그림 찾기? 글자찾기 하는 것 같다."	글자 모양의 유사성으로 말놀이를 즐기며 글자의 형태에 관심을 갖는 유아들의 흥미가 놀이 속에서 지속될 수 있는 방법을 교사는 고민하였다. 유아들이 음운을 인식하고 한글 자모음과 어휘를 놀이 속에서 즐겁게 찾아갈 수 있는 방법을 제안하기 위하여 과거에 유아들이 즐겁게 했던 놀이를 떠올려 보았다.	유아들이 신체로 자음과 모음의 글자 모양을 만들면 교사는 그 모양을 사진 찍어 유아들에게 보여주었다. 유아들이 자신들이 만든 유사한 글자를 신문에서 찾아보기도 하고, 찾은 글자를 이용해 자신의 이름 글자나 단어를 구성해 볼 수 있도록 지원하였다. 

6

놀이에서 배움의 내용	교사의 교과에 대한 고민	교사의 지원
 "비 오는 날의 웅덩이니까 물이 많으면 좋겠다." "나는 웅덩이에서 배 운전하는 사람 할게." "나는 웅덩이 건너가는 사람!" "나는 해설!" "선생님, 우리가 말하는 거 글자로 빨리 쓰는 거 도와주세요."	그림책의 내용을 바탕으로 유아들이 상상해서 구성한 '비 오는 날의 웅(엉)덩이' 동극을 동생반에 보여주기 위해 다양한 준비를 하였다. 동생반의 편지에 대한 고마움으로 전하는 동극이었으므로, 동극의 전반적 구성을 유아들이 끌어갔다.	문학에 대하여 흥미를 가지고 창작하여 동극하는 과정에서 교사는 유아들이 동화를 이해한 내용과 창작하여 구성한 생각을 문자언어로 표현하는 것을 지원하였다. 유아가 말한 글을 교사가 기록하고, 교사가 기록한 글을 유아가 읽어 자신만의 동극 대사를 형성해 나가는 놀이로 이어졌다.

활동해 보아요

♣ 놀이 속 교과지식 찾아보기

[교사의 놀이기록]

공룡백과사전을 보며

주원: 이 공룡 이름이 뭘까?

한별: 파키케팔로사우루스잖아.

지훈: 뭐라고? (손가락으로 공룡 이름을 가리키며) 그럼 이 글자가 파.키.케.팔.로.
파.우.루.스라는 거야?

주원: 그렇게 빨리 읽으면 어떻게 해? 천천히.

한별: 여기봐. 파.키.케 아 공룡이름이 어렵다.

지훈: 생긴 거 보면 딱 알지. 파키케팔로사우루스야.

- 위 놀이 사례를 읽고 떠오르는 교과 관련 내용을 찾아보세요.
- 의사소통의 내용범주 [읽기와 쓰기에 관심 가지기]의 내용과 연계하여 유아를 지원할 수 있는 놀이나 활동 계획을 세워보세요.

Chapter

7

사회관계 영역과 교과의 실제

제7장 사회관계 영역과 교과의 실제

[목표]

자신을 존중하고 더불어 생활하는 태도를 가진다.

- 자신을 이해하고 존중한다.
- 다른 사람과 사이좋게 지낸다.
- 우리가 사는 사회와 다양한 문화에 관심을 가진다.

[내용]

내용범주	내용
나를 알고 존중하기	나를 알고 소중히 여긴다.
	나의 감정을 알고 상황에 맞게 표현한다.
	내가 할 수 있는 것을 스스로 한다.
더불어 생활하기	가족의 의미를 알고 화목하게 지낸다.
	친구와 서로 도우며 사이좋게 지낸다.
	친구와의 갈등을 긍정적인 방법으로 해결한다.
	서로 다른 감정, 생각, 행동을 존중한다.
	친구와 어른께 예의바르게 행동한다.
	약속과 규칙의 필요성을 알고 지킨다.
사회에 관심 가지기	내가 살고 있는 곳에 대해 궁금한 것을 알아본다.
	우리나라에 대해 자부심을 가진다.
	다양한 문화에 관심을 가진다.

1. 사회관계 영역에서 교과 읽기와 지원하기

1) 나를 알고 존중하기 교과의 이해

유아가 자신을 나타낼 수 있는 것과 자신의 감정을 알고 상황에 맞게 적절하게 표현하며, 자신이 할 수 있는 것을 스스로 해 봄으로써, 긍정적인 자아존중감과 자율성을 경험하는 내용이다.

(1) 자신을 이해하고 존중한다.

유아가 자신을 나타내는 나이, 성별, 모습 등에 대해 알고, 자신을 소중히 여기며 가치 있는 존재로 느끼는 내용이다.

내용	유아의 경험 일상, 놀이, 활동에서의 예	교과 관련 내용	교과 관련 교사 지원
자신을 이해하고 존중한다.	입을 벌려 보여주며 "얘들아, 나 이 뽑았어. 엄마가 이제 진짜 많이 컸다고 했어." 이를 듣던 다른 유아가 "나도 봐 봐. 2개나 뺐어.", "나는 이제 흔들려." 라고 말한다. 이때, 다른 유아가 "나도 보여줘. 진짜 아팠겠다."라고 말하자 "아니야. 나 이제 엄청 잘 참아."라고 말하며 뿌듯해한다.	자기이해	– 유아들은 이가 흔들려 뽑는 경험을 공유하며 변화하는 자신의 모습을 통해 성장하고 있다는 것을 느끼고 있다. – 나이, 성별, 신체 변화, 좋아하는 음식 등 자신에 대해 나타낼 수 있는 다양한 측면에 대해 이야기 나누고, 서로 다른 특성에 대해 인정하고 존중할 수 있는 분위기를 만들어 줄 수 있다.

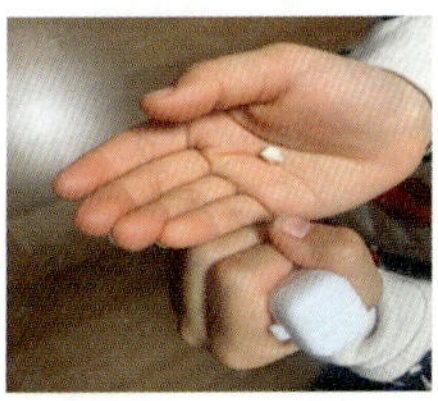

(자기이해) 유아들이 서로 이를 뽑아본 일에 대해 나누는 것은 성장과 함께 변화하는 자신의 모습을 이해하게 하고, 스스로를 소중히 여기게 되는 중요한 경험이 될 수 있다.

그림 7-1 ▶ 병원에서 받아온 이를 보여주며 "얘들아. 나 이 뽑았어."

(2) 나의 감정을 알고 상황에 맞게 표현한다.

유아가 자신의 감정에 대해 알고 다양한 상황에서 자신의 감정을 적절하게 표현하는 내용이다.

내용	유아의 경험	교과 관련 내용	교과 관련 교사 지원
	일상, 놀이, 활동에서의 예		
나의 감정을 알고 상황에 맞게 표현한다.	"우리 술래잡기 하자.", "그래", "내가 먼저 술래 할게."라고 말하며 유아들이 술래잡기를 시작했다. 술래인 유아가 다른 유아를 잡자 "야! 나를 잡으면 어떻게 해. 나 술래잡기 안 할래!" 라고 말하며 화가 난 얼굴로 자리를 떠난다.	감정 이해 및 감정 표현	- 술래로 잡힌 유아가 불편한 감정을 표출하여 놀이 규칙이 깨져버린 상태이다. 교사는 유아의 감정 상태를 민감하게 살피고 화가 난 이유 또는 화가 난 상황에 대해 말로 표현해줄 수 있다. 또한 감정을 어떻게 표현하는 게 좋을지 생각해보고 적절한 감정표현 방법을 스스로 경험할 수 있도록 돕는다.

(3) 내가 할 수 있는 것을 스스로 한다.

유아가 자신이 할 수 있는 일을 알고 자신감을 가지며 자율적으로 실천해 가는 내용이다.

내용	유아의 경험	교과 관련 내용	교과 관련 교사 지원
	일상, 놀이, 활동에서의 예		
내가 할 수 있는 것을 스스로 한다.	지훈: 선생님, 오늘 우유 가지러 가는 친구는 누구예요? 명은: 오늘은 수정이가 도우미잖아. 벌써 우유 가지러 갔어. 수정: (숨을 헐떡이며) 얘들아. 얘들아. 내가 우유 가져왔어. 하나씩 가져가.	자율적 실천	- 도우미가 해야 할 일에 대해 유아들이 이해하고 있으며, 도우미가 된 유아는 스스로 자신이 해야 할 일을 찾아 자율적으로 참여하고 있다. - 유아의 자율적 실천을 인정하고, 자신감을 느낄 수 있도록 격려하며, 또래나 가족과 공유할 수 있다.

2) 더불어 생활하기 교과의 이해

유아가 가족의 의미와 소중함을 알며, 친구와 서로 돕고 양보, 배려, 협력하며 사이 좋게 지내고, 사람들마다 감정, 생각, 행동이 각기 다름을 알고 존중하여, 친구와의 갈등을 여러 가지 긍정적인 방법으로 해결하는 내용이다. 또한 친구와 어른께 예의 바른 태도로 말하고 행동하며, 사회 공동체의 일원으로서 약속과 규칙의 필요성을 알고 지키는 내용이다.

(1) 가족의 의미를 알고 화목하게 지낸다.

유아가 자신의 가족 구성원을 알고, 가족과 함께 생활하며, 가족은 서로 돕고 살아 간다는 것을 경험하는 내용이다. 가족의 구성원이 다양함을 이해하고 존중하는 내용이다.

내용	유아의 경험 일상, 놀이, 활동에서의 예	교과 관련 내용	교과 관련 교사 지원
가족의 의미를 알고 화목하게 지낸다.	내가 상상한 우리 가족에 대해 그림을 그리며 우리 가족은 "할이버지, 아빠, 엄마, 이모, 나, 부들이, 이렇게 4명이에요.", "나는 엄마, 아빠, 할머니, 곰돌이 인형, 포켓몬 인형, 그리고 우리 동생이랑 동생이 좋아하는 고양이도 그릴 거야."라고 말한다.	다양한 가족 형태, 가족의 의미	- 가족이라 생각하는 애완동물 혹은 인형을 그림으로 표현하고 있다. 상상으로 표현한 가족 구성원은 실제 가족 구성원과 다른 점이 있으나 다양한 가족 형태에 대해 보다 유연하게 생각할 수 있는 가능성을 보여준다. - 가족 형태, 가족 문화, 생활방식이 다르므로 차이를 이해하고 다양한 특성을 존중할 수 있도록 지원한다.

(2) 친구와 서로 도우며 사이좋게 지낸다.

유아가 친구들과 함께 놀이하는 즐거움을 느끼고 친구와 서로 도우며 배려하고 협력하며 더불어 살아가는 내용이다.

내용	유아의 경험 일상, 놀이, 활동에서의 예	교과 관련 내용	교과 관련 교사 지원
친구와 서로 도우며 사이좋게 지낸다.	큰 블록을 옮겨 집을 만들고 있던 유아가 "나랑 같이 놀자."라고 말하자 "내가 도와줄까?"라고 묻는다. "응, 우리 이거 같이 만들어서 놀자.", "그럼 내가 저 블록 더 가져 올게."라고 말하며 큰 블록을 쌓아 가져온다.	친구 관계	- 유아는 친구에게 다가가 함께 놀이를 제안하며, 친구와 놀이를 함께하기 위해 친구가 하고 있던 놀이에서 자신의 역할을 스스로 찾았으며, 협력하여 함께 놀이하는 즐거움을 경험하였다. - 유아들 간의 놀이 상황에서 스스로 친구를 돕거나 배려하려는 모습을 지켜보고 격려하는 것이 필요하다.

그림 7-2 ▶ 큰 블록을 가져오며 "내가 도와줄까?"

(친구관계) 유아는 친구와 함께 놀이하며 놀이를 제안하거나 협력하는 등 또래와 바람직한 관계를 형성하는 경험을 쌓아갈 수 있다.

(3) 친구와의 갈등을 긍정적인 방법으로 해결한다.

유아가 친구와 갈등이 생겼을 때 자신의 감정과 생각을 제대로 표현하고, 배려, 양보, 타협 등을 통해 해결하는 내용이다.

내용	유아의 경험	교과 관련 내용	교과 관련 교사 지원
	일상, 놀이, 활동에서의 예		
친구와의 갈등을 긍정적인 방법으로 해결한다.	색깔 컵으로 만든 성이 '와르르' 무너진다. "야! 무너뜨리면 어떻게 해." 라고 소리치자 "아니야. 내가 일부러 그런거."라고 같이 소리치며 다툰다. "니가 지나가면서 무너뜨렸잖아." 이 때, 다른 유아가 "다시 만들면 되지. 조심조심 지나가자. 이쪽으로 오지마."라고 말하며 팔을 뻗어 위치를 정해준다. "우리 다시 같이하자."라는 말을 듣고 유아들이 언제 다투었냐는 듯 다시 힘을 모아 컵 쌓기를 시작한다.	친구관계, 갈등 해결	- 컵으로 쌓은 성이 무너지며, 또래와의 갈등 상황이 발생한다. 서로 다른 생각을 내세우며 다툼이 생겼지만 한 유아가 갈등을 해결할 수 있는 방안을 제안하자 갈등 상황이 쉽게 해결되며, 다시 놀이를 시작할 수 있게 되었다. - 교사는 친구와 함께 놀이하는 상황에서 갈등이 생길 수 있다는 것을 이해하며 해결 방안을 스스로 생각할 수 있도록 도와주며, 서로 대화를 통해 긍정적인 관계를 맺을 수 있도록 지원한다.

(4) 서로 다른 감정, 생각, 행동을 존중한다.

유아가 다른 사람들의 감정, 생각, 행동에 관심을 갖고 감정, 생각, 행동이 서로 다를 수 있음을 이해하고 존중하는 내용이다.

내용	유아의 경험 일상, 놀이, 활동에서의 예	교과 관련 내용	교과 관련 교사 지원
서로 다른 감정, 생각, 행동을 존중한다.	정수: 내가 그린 몬스터 보여줄게. 여기 뿔도 있고, 이빨도 크고, 눈도 튀어나와 있고, 팔을 뻗으면 너희도 잡을 수 있을 걸. 여러 가지 색깔로 그렸어. 민주: 으악! 나 저 도깨비 너무 무서워. 지안: 멋진데. 나도 그리고 싶다. 그런데 저 도깨비는 진짜 귀여워. 정수: 흥! 이거 도깨비 아닌데, 몬스터인데, 도깨비라고 하다니… 교사: 정수야. 친구들이 정수가 그린 몬스터 모습이 도깨비랑 비슷해서 그랬나봐. 사람들마다 서로 다르게 생각할 수 있거든. 얘들아 정수가 그린 몬스터를 도깨비라고 생각해서 정수가 너무 속상했나봐. 무섭지만 귀엽다고 생각한 도깨비는 사실 몬스터였대.	감정, 생각, 행동의 차이 존중	- 친구가 그린 그림을 보며 자신의 느낌을 자유롭게 표현하고 있지만 이를 그린 유아는 자신이 설명한 그림에 대한 이해가 다르다는 것을 알고 속상해하고 있다. 이때, 교사는 서로 다르게 생각할 수 있다는 것을 말해주었으며, 정수의 감정에 공감할 수 있도록 도와주고 있다. - 교사는 유아들이 감정, 생각, 행동이 사람마다 다를 수 있다는 것을 인정하고 이해할 수 있도록 입장을 바꿔 생각해보거나 타인을 배려해서 말하는 기회를 제공할 수 있다.

그림 7-3 ▶ 자신이 그린 그림을 친구들에게 소개하는 과정에서 "힝, 도깨비 아닌데…"

(감정, 생각, 행동의 차이 존중) 서로 다른 사람의 감정과 생각, 행동의 차이를 고정관념이나 편견으로 받아들이지 않고, 수용할 수 있는 태도를 기르는 것은 매우 중요하다. 상대방의 관점에서 생각하고, 공감해보는 경험을 통해 다른 사람과 더불어 살아가는 태도를 기를 수 있다.

(5) 친구와 어른께 예의 바르게 행동한다.

유아가 친구와 어른께 배려, 존중, 공경하는 마음을 담아 예절을 실천하는 내용이다.

내용	유아의 경험 일상, 놀이, 활동에서의 예	교과 관련 내용	교과 관련 교사 지원
친구와 어른께 예의 바르게 행동한다.	아침 등원 시간 유아가 교실에 들어서며 "선생님, 안녕하세요."라고 인사를 한다. "소연아, 안녕! 나 봐봐. 오늘 토끼 머리띠 하고 왔다."라고 머리띠를 보여주며 인사한다.	예의 바른 행동	- 교사에게 인사를 하고 있으며, 친구를 만났을 반가움을 자신의 머리띠에 대한 소개와 함께 인사로 표현하고 있다. - 교사는 친구나 어른을 만났을 때 인사하는 것뿐만 아닌 생활 속에서 예의 바른 말과 행동을 실천할 수 있도록 지원한다.

(6) 약속과 규칙의 필요성을 알고 지킨다.

유아가 다른 사람과 더불어 살아가기 위해 필요한 약속과 규칙이 있음을 이해하는 내용이다. 상황에 따라 필요한 약속과 규칙을 의논하여 정하고 지키는 내용이다.

내용	유아의 경험 일상, 놀이, 활동에서의 예	교과 관련 내용	교과 관련 교사 지원
약속과 규칙의 필요성을 알고 지킨다.	친구와 술래잡기 놀이를 시작하며 "30까지 세고 나서 찾기다!", "너무 빨리 세지 않기다!", "알았어. 천천히 셀게. 그 대신 너무 멀리 숨지는 마. 찾기 힘들거든.", "알았어. 천천히 꼭 세어줘. 너무 멀리 안 갈게."라고 말하며 술래잡기 놀이에 필요한 약속을 이야기 나눈다.	약속과 규칙	- 놀이에 필요한 약속을 자연스럽게 이야기 나누며 정하고 있다. 함께 놀이하기 위해서는 서로 간에 지켜야 할 약속이 있음을 이해하고 있다. - 교사는 놀이에 필요한 약속이나 규칙 외에도 유아들의 안전을 위한 약속과 규칙도 중요하게 다루어야 한다. 또한 유아들 스스로 약속이나 규칙에 대해 의견을 나누고 정해보는 기회를 통해 민주적인 학급 운영에 적극적으로 참여할 수 있도록 지원한다.

3) 사회에 관심 가지기 교과의 이해

유아가 사회 구성원으로서 자신이 사는 지역에 관심을 가지고 탐구하며, 우리나라의 상징, 언어, 문화를 알아 가면서 대한민국 국민으로서 긍지와 자부심을 가지는 내용이다. 그리고 다른 나라의 다양한 문화에 관심을 가지고 존중하는 경험을 담고 있다.

(1) 내가 살고 있는 곳에 대해 궁금한 것을 알아본다.

유아가 자주 접하는 가까운 주변 지역과 이웃에 대해 관심을 가지고, 궁금한 것을 알아보며, 지역 구성원으로서 유대감과 소속감을 느끼는 내용이다.

내용	유아의 경험 일상, 놀이, 활동에서의 예	교과 관련 내용	교과 관련 교사 지원
내가 살고 있는 곳에 대해 궁금한 것을 알아본다.	"선생님 어제 공원에서 지훈이를 만났어요.", "공원에 가서 뭐 했어?", "어제 형을 따라 체험하러 갔거든요.", "꽃 심기도 하고, 쿠키도 만들고, 소방관처럼 불도 꺼보고, 직업체험이에요.", "그렇구나. 지훈이는 무슨 체험을 했어?", "저는 엄마한테 커피도 만들어주고, 도자기도 만들었어요.", "여러 가지 직업을 체험한 것 같구나."	동네에 있는 것들, 동네 사람들이 하는 일, 직업	- 유아가 살고 있는 동네 공원, 지역 행사, 다양한 직업을 가진 동네 사람들의 모습을 직·간접적으로 경험하고 있다. - 교사는 유아가 가정보다 폭넓은 관계에 대해 이해할 수 있도록 자신이 살고 있는 동네의 주변 환경, 자랑거리, 공공기관 등 동네의 특성에 대해 알아보는 경험을 제공할 수 있다.

(2) 우리나라에 대해 자부심을 가진다.

유아가 우리나라의 전통에 친숙해지고, 우리나라의 상징, 언어, 문화 등을 경험하면서, 우리나라에 대해 자랑스러운 마음을 가지는 내용이다.

내용	유아의 경험	교과 관련 내용	교과 관련 교사 지원
	일상, 놀이, 활동에서의 예		
우리나라에 대해 자부심을 가진다.	박물관에 현장체험학습을 갔다. "저쪽에 가면 옛날 옷이 있어. 나는 공주 옷을 입어봤는데, 진짜 예뻐.", "나도 가볼래.", "그거 한복이야. 왕이 입었던 한복도 있어.", "내가 입어본 옷 중에 제일 멋져.", "우와! 나는 왕관도 써볼래."라고 말하며 저마다 한복을 입어본다.	우리나라의 상징과 문화	- 박물관에서 한복, 왕관 등을 직접 착용해 보며, 옛날 사람들의 생활과 문화를 경험해보고 있다. - 교사는 우리나라만의 고유한 모습이 담긴 물건이나 놀이 등을 다양하게 제공하여 옛날 사람들의 생활에 관심을 가지고 우리나라에 대한 자부심을 형성할 수 있도록 지원한다.

(3) 다양한 문화에 관심을 가진다.

유아가 다른 나라의 다양한 문화와 생활양식에 대해 관심을 가지고, 문화의 다양성을 이해하며 존중하는 내용이다.

내용	유아의 경험	교과 관련 내용	교과 관련 교사 지원
	일상, 놀이, 활동에서의 예		
다양한 문화에 관심을 가진다.	친구에게 초밥을 만들어 주며, "일본 사람들이 좋아하는 음식이래.", "나는 계란 초밥만 먹는데, 계란 초밥 많이 만들어줘.", "이거 주먹밥 아니야?", "아니야. 초밥이야. 주먹밥이랑 달라. 초밥은 일본 음식이거든", "새우 초밥도 있고, 문어 초밥도 있고, 소고기 초밥도 있어.", "우와~진짜 맛있겠다. 우리 그럼 일본에 여행왔다고 생각하면서 먹자."라고 말하며 먹는 시늉을 하며 놀이한다.	다른 나라의 문화, 타 문화 공감	- 초밥을 먹어본 경험을 이야기 나누는 과정에서 초밥은 다른 나라 음식이라는 것을 자연스럽게 알게 되었다. - 교사는 유아들이 생활 속에서 접하고 있는 다른 나라에 대한 경험을 함께 나누는 기회를 제공한다. 또한 서로 다른 생활양식과 문화를 가진 여러 나라 사람들에게 보다 관심을 가질 수 있도록 책, 지도, 영상 자료 등을 적절히 활용한다.

2. 사회관계 영역 교과교육의 통합적 접근

〈'백설기-빵' 파세요? 사세요? 나눠요!〉는 사회관계 영역 교과교육의 통합적 접근 놀이 사례이다. ① 간식으로 나온 백설기빵에 대한 논쟁은 ② 우리 동네 산책으로 이어졌고, 이러한 지역사회와의 연계는 ③ 교사의 놀이계획을 완전히 전복시켰으며, ④ 새로운 형태의 가정 연계로 이어졌다. ⑤ 유아들이 함께 구성한 공동의 놀이목표는 갈등 속에서 스스로 놀이 규칙을 생성하도록 요청하였고, ⑥ 교환을 내포한 경제 개념, ⑦ 동생을 배려한 나눔과 배려의 삶으로 이어졌다.

본 놀이 사례에서는 교사의 '거대한' 놀이계획의 변경에 주목할 필요가 있다. 교사는 유아들의 백설기빵에 대한 관심을 퓨전음식을 통한 문화다양성이라는 거대한 주제로, 유아들의 돈에 대한 관심을 수준 높은 경제 개념을 담은 수학적 사고능력으로 향하는 계획 앞에서 잠시 망설였다. 이 망설임은 교사의 계획과 유아의 놀이발생이 얽히는 발현적 교육과정이 시작되는 지점이라고 볼 수 있다. 교사가 포착한 교과의 의미로 계획한 놀이지원계획이 유아들의 놀이 상황과 현재의 역량에 맞추어 대폭 수정된 것에 큰 의의가 있다. 교사는 유아교육현장에서 '교육'을 오독하여 '거대한' 교과가 담긴 놀이계획을 세워 가르치려는 유혹에 휘말릴 때가 있다. 이러한 교과가 담긴 교육은 바깥에서 보면 교과가 교육과정에서 훌륭히 실행되는 것처럼 보일 수 있으나, 그 놀이 수준이 현재 유아들의 놀이 수준과 맞지 않으면, 학습을 가장한 가짜놀이로 전략하기 쉽다. 따라서 본 놀이 사례에 나온 교사의 사례처럼 교사가 자신이 품은 놀이계획을 유아들의 놀이 상황에 따라 지속적으로 변경시키며 유아들의 놀이 속에서 진정으로 발현되고 있는 '지금'의 교육 경험을 교과와 실뜨기하듯이 직조하여 만들어가는 교육과정을 형성할 필요가 있는 것이다.

또한 교사는 ② '유치원에 간식을 제공'하는 떡집과 빵집을 방문하여 유아들에게 더욱 유의미한 지역사회와의 관계를 형성해 주었고, 유아들이 해석 가능한 우리 동네 지도인 '로드뷰'를 통해 유아가 우리 동네에 대한 경험을 자유롭게 공유할 수 있는 시공간을 제공해 주는 감각을 지녔다. 그리고 교사는 ④ 가정과의 연계에서 고민되는 부분까지 가정과 나누어 그 고민을 해결해 나갔다. ③ 빵집놀이로 변경된 놀이의 맥락은 유아들에게 '공동목표'를 향한 협동과 갈등, 규칙의 생성이라는 경험을 가져다주었고, ⑦ 사고, 팔고, 나누는 사회관계를 직접 경험할 수 있는 기회를 주었다.

이처럼, 사회관계 영역 통합 놀이에서는 교사가 거대한 놀이계획을 변경하고, 유아들의 삶의 '관계' 속에서 드러나는 교과의 의미와 삶의 태도, 그것을 고민하는 교사의 지원을 들여다볼 수 있었다. ①~②~③~④~⑤~⑥~⑦로 이어지는 놀이 사이에 또 어떠한 사회관계와 얽힌 교과가 발생할 수 있을지 함께 토론해 볼 것을 권한다.

사회관계 영역과 교과교육의 통합적 사례 : '백설기-빵' 파세요? 사세요? 나눠요!

	놀이에서 배움의 내용	교사의 교과에 대한 고민	교사의 지원
①	 간식으로 나온 '백설기빵'을 본 유아들은 "이거 떡이야? 빵이야?" 하며 이야기를 나눈다. "백설기니까 떡이지.", "아니다 빵이다 빵! 우리 동네 빵집에서 먹어봤다.", "나는 떡집에서 먹었다. 그러니까 떡이지.", "이거는 떡 아니거든. 떡은 쫄깃쫄깃하잖아. 이거는 빵맛이잖아."	유아들은 '백설기빵'이 떡인지 빵인지에 대하여 자신의 생각과 경험을 이야기하였다. 교사는 떡과 빵이 혼합된 퓨전음식임을 이야기해 주고 싶은 마음이 있었지만, 유아들이 문화가 혼합된 음식에 가진 흥미가 지속될 수 있도록 하기 위하여 유아들의 이야기를 경청하였다. 교사는 유아들의 호기심을 토대로 백설기빵을 만드신 분의 이야기를 들어보는 것이 좋겠다고 생각하였다.	교사는 유치원에 오후 간식을 제공해 주는 빵집과 떡집에 연락해서 백설기빵에 대한 이야기를 유아들이 직접 들어볼 수 있는 경험을 가질 수 있도록 '우리 동네 산책'을 계획하였다. 우리 동네 산책을 할 때 빵집과 떡집에 들려서 유아들이 가진 백설기빵에 대한 궁금증을 직접 물어보기로 하였다.

❷

놀이에서 배움의 내용

"여기 우리 동네 빵집이다! 엄마랑 유치원 끝나고 집에 갈 때 빵 사간다. 옆에 가면 떡집도 있다!", "떡집은 내가 알아요. 선생님 내가 지도 화살표 눌러 볼게요.", "소아과도 있다. 우리 소아과에서 만났잖아. 맞제?", "맞다 맞다. 약국에서도 만나고 마트에서도 만났다. 우리 할머니랑 아빠도 봤잖아."

교사의 교과에 대한 고민

유치원에 오후 간식을 제공하는 빵집과 떡집에는 유아들의 방문 허락을 받았지만, 다른 기관은 유아들이 오래 머물며 자유롭게 궁금한 것을 묻고 이야기를 나누기에는 한계가 있을 것 같았다. 또한 우리 동네 속에 있는 유치원과 각 기관들을 잇는 우리 동네 지도를 보기에는 유아들이 지도에 대한 공간적 해석이 어려울 것 같았다. 그래서 고민 끝에 우리 동네의 실제 모습이 나와 있는 로드뷰를 살펴보며 우리 동네에서의 경험을 자유롭게 이야기 나누어 보는 것을 시도해 보았다.

교사의 지원

교사는 유아들과 우리 동네 산책을 가기 전 빵집과 떡집의 위치를 가늠해 보기 위하여 '로드뷰'를 이용하여 유치원에서가는 길을 살펴보았다. 백설기빵이 떡인지 빵인지에 대하여 서로의 생각을 말할 때는 다소 언성이 높아져서 갈등을 보인 반면, 우리 동네 '로드뷰'를 통해 주변 지역사회에서의 경험을 말할 때는 우리 동네 공간을 지역 구성원으로서 함께 공유하고 있다는 유대감과 소속감을 느끼면서 더욱 돈독해지는 분위기가 형성되었다.

❸

놀이에서 배움의 내용

떡집에 먼저 도착한 유아들은 "백설기빵 있어요?" 하고 물으며 백설기빵에 대하여 궁금한 점을 떡집아주머니께 질문했다. 떡집에서는 유아들에게 금방 만든 백설기를 주신다. "진~짜~ 따뜻하고 포슬포슬해요. 진짜 맛있어요. 고맙습니다." 이후 빵집아저씨께 유아들은 백설기빵에 대한 질문을 하며 이야기를 듣는다. "우리나라 백설기가 유명해서 다른 나라 사람들도 편하게 먹을 수 있도록 빵처럼 만들었지요."라는 빵집 아저씨의 이야기에 유아는 "빵은 영어 나라에서 만들었지요? 빵집 이름이 영어글자 같아요."라고 말한다. 유아들은 유치원으로 돌아오는 길에 떡집과 빵집에서 먹었던 기억을 떠올리며 "또 먹고 싶어요." 하고 말한다.

교사의 교과에 대한 고민

유아들의 '백설기빵'에 대한 호기심을 교사는 '문화가 혼합된 퓨전음식으로서의 백설기빵'에 대한 '문화 다양성' 교육으로 나아갈 것을 계획하고 우리 동네 산책에 나섰다. 하지만 유아들은 빵집 간판이 우리나라 글이 아닌 영어로 되어 있는 것, 우리나라 백설기가 인기가 많다는 것 이상으로는 관심을 이어가지 않았다. 백설기를 빵으로 만들었다는 것을 알게 된 유아들은 더 이상 그 문제에 흥미를 보이지 않았다. 유아들은 우리 동네 산책을 통해 떡집과 빵집에서 하는 일, 떡집과 빵집에서 받은 친절함에 대한 감사, 빵과 떡을 또 먹고 싶다는 생각으로 가득했다.

교사의 지원

교사는 백설기빵을 통해 문화 다양성에 대한 교육을 시도하려 했으나, 빵집과 떡집에서 먹은 빵과 떡은 유아들로 하여금 아주머니, 아저씨에 대한 감사함과 또 먹고 싶다는 바람으로 흥미를 옮겼다. 이에 교사는 자신이 야심차게 계획했던 문화 다양성에 대한 교육 계획을 잠시 미루고 빵집에서 배운 방법대로 빵을 직접 유아들과 함께 만들어 볼 것으로 계획을 바꾸었다.

4 놀이에서 배움의 내용 | 교사의 교과에 대한 고민 | 교사의 지원

놀이에서 배움의 내용

"빵집 아저씨는 모자도 하얗고 옷도 하얗고 전부 하얗고 길어요." 가정에서 가지고 온 하얀 옷을 유아들이 함께 자신만의 방법으로 그리고, 오리고, 붙이고, 꾸미며 협력한다. "내 아빠 옷에서 우리집 냄새 난다. 좋다. 내 아빠 옷 또 있는데 나눠줄까?" 유아는 "우리 반 빵가게니까, 기린반 모양 넣자."라고 제안한다. "나는 기린 못 그리는데…", "내가 도와 줄까?" 빵을 만들 때 입을 유니폼을 친구와 함께 만들어 나간다.

교사의 교과에 대한 고민

유아들이 원하는 하얀 빵집 유니폼을 만들기 위해 필요한 옷을 가정에 협조 요청하였다. 가정에 물품을 협조 요청할 때 교사가 고민하는 지점은 요청의 응답이 가정의 상황마다 다르다는 것이다. 또한 자신의 가정에서 가지고 온 물품을 유아들이 친구에게 나누어 주며 서로 도우며 사이좋게 지낼 수 있을 것인지에 대한 의문도 들었다. 이에 교사는 유아들의 나눔이 놀이 속에서 이뤄지도록 하기 위하여 '빵가게 놀이'라는 공동의 목표를 함께 설정하였다.

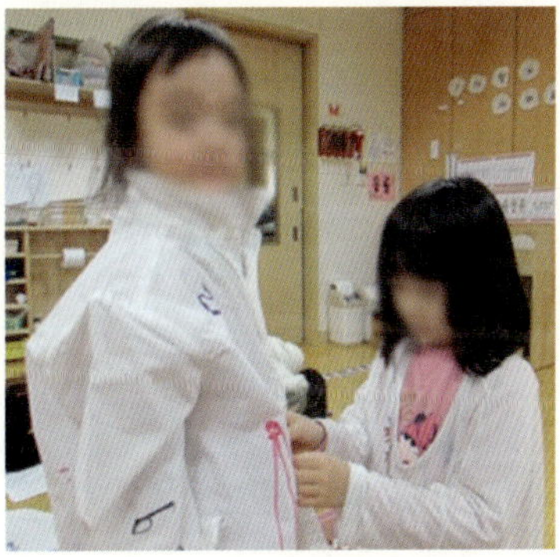

교사의 지원

교사는 많이 나눌 수 있는 가정에서 여러 벌 보내주시길 협조 요청하였고, 어른이 입지 않는 하얀 티셔츠는 기린반에 제법 많은 양이 모이게 되었다. 자기 가족의 옷을 기꺼이 친구에게 나누는 기린반의 분위기는 친구에게 기린을 그려주는 재능 나눔, 친구의 옷 입기를 도와주는 능력 나눔 등으로 이어졌다. 이처럼 빵가게 놀이라는 공동의 목표를 이루기 위하여 유아들은 자신의 물품과 재능을 나누었다. 친구와 나누며 함께 놀이하는 자율적인 생활 태도는 긍정적인 자아개념을 형성하는 데 도움이 되었다.

⑤

놀이에서 배움의 내용

"야! 니 혼자 밀가루 다 쓰면 어떡하는데?"

"백설기빵은 밀가루 많이 들어간다고!"

"그러면 나는 뭐 쓰는데?"

"선생님! 우리 밀가루 쓰는 거 약속 정해요. 안 그러면 나는 밀가루 하나도 못 쓸 것 같아요."

"밀가루 한 컵만 써라."

"싫다. 나는 두 컵 필요하거든!"

교사의 교과에 대한 고민

유아들은 친구들과 함께 빵집 유니폼을 만들 때는 함께 나누는 분위기였지만, 각자가 생각하는 빵을 밀가루로 만들어 보는 놀이를 하면서 갈등이 발생했다. 자신이 생각하고 계획한 빵을 자유롭게 만들어 보는 것과, 함께 사용해야 하는 밀가루의 양이 정해져 있다는 사실이 대치되었다. 이때 한 유아가 밀가루 사용량에 대한 약속을 정하자는 제안을 하였고, 밀가루 사용 범위의 약속을 지키며 사용하는 일이 놀이의 가장 큰 이슈가 되었다. 유아의 의견 나누기가 말다툼으로 격양될 때도 있는데, 그 순간 교사는 개입해서 약속을 대신 정해주고 싶은 욕구가 있었으나, 유아의 말다툼이 어떤 약속을 생성하는지 조금 더 기다려 보기로 했다.

교사의 지원

친구들 각자가 만들고 싶은 방법의 개성을 존중하기, 정해진 밀가루 양을 동등하게 분배하기 등은 유아들로 하여금 '약속과 규칙'을 자발적으로 만들게 하였다. 놀이를 유지하기 위한 자발적인 약속과 규칙 생성은 교사가 감독하지 않아도 유아들이 자발적으로 지키면서 놀이를 유지하는 사회적 가치로서의 시민의식을 함양하는 데 도움이 될 것으로 보였다. 이에 교사는 빵가게 놀이가 빨리 진행되는 것보다, 유아들이 약속을 만들고 변경하는 것을 자유롭게 할 수 있도록 시간과 재료를 마련하고, 교사의 개입을 최소화하며 갈등이 긍정적인 방법으로 해결될 수 있도록 했다.

6

놀이에서 배움의 내용

"돈 표시는 어떻게 하지?"
"우리 엄마는 돈 안 준다. 카드 준다. 사면 뭐 주긴 해야 된다."
"시식 코너는 그냥 먹어도 된다."
"우리 아빠가 세상에 공짜는 없다고 했다. 시식코너 먹으면 사야 된다고 했다."

교사의 교과에 대한 고민

동생반과 형님반을 초대해서 빵가게 놀이를 하는 데 있어, 유아들은 빵에 가격을 책정할 것인가에 대한 논의를 이어갔다. 교사는 유아들이 돈의 단위를 파악하는 수학적 사고능력이 부족한 것으로 예상하여 빵의 가격을 책정하는 것은 놀이로 이어지지 못할 것이라고 생각했다. 하지만 유아들은 빵가게에서 본 빵의 이름과 가격에 관심을 가졌고 그것을 놀이로 표현하는 데 있어 꽤 진지했다. 교사는 돈의 단위를 유아들에게 알려주어야 할 것인지, 숫자에 대하여 알려주어야 할 것인지 고민이 되었다. 또한 어떤 자료를 제공해야 유아들이 원하는 '돈 표시'가 적정 수준의 놀이로 이어질지 고민이었다.

교사의 지원

교사는 유아들이 원하는 '돈표시'를 어떻게 놀이로 풀어나갈 것인지에 대해서 고민하다가 빵가게에서 찍은 메뉴판 사진, 빵 이름표 사진, 빵가게에서 받은 영수증을 제공하였다. 유아들은 빵의 가격을 수학적으로 아는 것에 관심이 있기보다도 빵의 이름처럼 가격도 이름 짓고, 그것에 맞는 돈을 교환하는 것에 관심을 가졌다. 유아들 나름대로 메뉴판에 돈 표시를 하며 교환 가치를 통해 경제 개념을 배워나가고 있었다.

7

놀이에서 배움의 내용	교사의 교과에 대한 고민	교사의 지원
 기린반의 빵가게가 열리고, 동생반이 가장 먼저 초대되어 왔다. "동생아, 맛 있어?"라는 말에 동생은 대답 대신 고개를 좌우로 흔들며 인상을 찌푸린다. "맛 없어?"라고 한 번 더 물으니, 동생은 "딱딱해."라고 말한다. "그럼 폭신폭신한 빵 줄까?" 하며 동생이 원하는 빵을 골라준다.	자신이 정성껏 만든 빵에 긍정적인 반응을 보이지 않는 동생에게 실망하거나 화를 내기보다도 동생이 원하는 빵을 골라 주려는 기린반 유아들의 모습이 관찰되었다. 씹는 것을 어려워하는 동생에게 딱딱한 빵 대신 폭신폭신한 빵을 찾아주며 동생이 기쁜 마음으로 빵가게 놀이를 이어갈 수 있도록 지속적으로 교감하는 모습을 보였다. 	만약, 기린반 친구가 자신이 만든 빵에 긍정적 감정을 표현하지 않았다면 갈등상황이 발생했을 것이다. 하지만 유아는 동생의 감정이 자신의 감정과 다를 수 있음을 너무나 잘 알고 있었으며, 동생이 좋은 감정을 느끼며 놀이할 수 있도록 배려하는 모습을 보였다. 교사는 이러한 유아의 노력을 인정하고 격려하였으며, 어떻게 동생을 배려하며 함께 놀이하려는 생각을 했는지 유아에게 이야기할 수 있는 시간을 따로 마련하였다.

활동해 보아요

♣ 놀이 속 교과지식 찾아보기

[교사의 놀이기록]

윤아: 가윤아 우리 실뜨기 할까?

가윤: 나, 그거 알아. 우리 외할머니한테 배운 적이 있거든.

윤아: 그래. 나도. 우리 엄마가 어릴 때 했던 놀이래. 할머니한테 배워서 모양 만드는 연습 진짜 많이 했대.

가윤: 내가 잡아줄게. 우리 같이 만들어보자. 이쪽에서 시작해봐.

윤아: 이거 장구 모양이지?

가윤: 진짜 비슷하다. 옛날 아이들이 했던 놀이라서 장구가 있나 봐. 덩더쿵 덩더쿵

윤아: (웃으며) 흔들지마. 실이 빠질 것 같애. 이번에는 젓가락이 나왔으면 좋겠다.

- 위 놀이 사례를 읽고 떠오르는 교과 관련 내용을 찾아보세요.

- 사회관계의 내용 중 '우리나라에 대해 자부심을 가진다'와 연계하여 유아를 지원할 수 있는 놀이나 활동을 계획해 보세요.

Chapter 8

예술경험 영역과 교과의 실제

제8장 예술경험 영역과 교과의 실제

[목표]

아름다움과 예술에 관심을 가지고 창의적 표현을 즐긴다.

- 자연과 생활 및 예술에서 아름다움을 느낀다.
- 예술을 통해 창의적으로 표현하는 과정을 즐긴다.
- 다양한 예술 표현을 존중한다.

[내용]

내용범주	내용
아름다움 찾아보기	자연과 생활에서 아름다움을 느끼고 즐긴다.
	예술적 요소에 관심을 갖고 찾아본다.
창의적으로 표현하기	노래를 즐겨 부른다.
	신체, 사물, 악기로 간단한 소리와 리듬을 만들어 본다.
	신체나 도구를 활용하여 움직임과 춤으로 자유롭게 표현한다.
	다양한 미술 재료와 도구로 자신의 생각과 느낌을 표현한다.
	극놀이로 경험이나 이야기를 표현한다.
예술 감상하기	다양한 예술을 감상하며 상상하기를 즐긴다.
	서로 다른 예술 표현을 존중한다.
	우리나라 전통 예술에 관심을 갖고 친숙해진다.

1. 예술경험 영역에서 교과 읽기와 지원하기

1) 아름다움 찾아보기 교과의 이해

유아가 자연과 생활에서 아름다움을 느끼며 예술적 요소에 관심을 가지고 찾아보는 내용이다.

(1) 자연과 생활에서 아름다움을 느끼고 즐긴다.

유아가 자신의 주변에서 만나는 자연, 공간, 사물 등의 아름다움을 풍부하게 느끼며 즐기는 내용이다.

내용	유아의 경험 일상, 놀이, 활동에서의 예	교과 관련 내용	교과 관련 교사 지원
자연과 생활에서 아름다움을 느끼고 즐긴다.	비 오는 날 찰흙으로 만든 꽃케이크를 나무에 놓아두며 "선생님, 나무 요정에게 주는 선물이에요."라는 말을 전한다. 다른 유아들도 자신의 꽃케이크를 나무기둥에 놓으며 "나무에서 꽃이 핀 것 같네.", "제일 예쁜 나무가 됐잖아.", "우아~, 나무요정이 너무 좋아할 것 같아."라며 꽃케이크를 나무 위에 둔다.	주변에서 아름다움 찾기	- 꽃 케이크는 나무 요정을 연상시키거나, 나무 둥치에 핀 꽃, 제일 예쁜 나무 등의 다양한 반응을 이끌어 내었다. 이를 통해 유아들은 자연의 아름다움을 느끼며 감응하고 있음을 알 수 있다. - 교사는 유아들의 반응에 귀를 기울이며, 충분히 반응할 수 있는 시간을 제공하는 것이 필요하다.

그림 8-1 ▶ "나무에 꽃이 핀 것 같아."라며 자신이 만든 꽃케이크를 나무에 놓는다.

(주변에서 아름다움 찾기) 유아가 자연을 만난다는 것은 저마다의 아름다움을 만나고 감응하는 것과 같다.

(2) 예술적 요소에 관심을 갖고 찾아본다.

유아가 주변의 자연과 생활에서 다양한 소리나 리듬 등의 음악적 요소, 색이나 형태 등과 같은 미술적 요소를 발견하고, 사물이나 동식물의 움직임에서 아름다움을 경험하는 내용이다.

내용	유아의 경험	교과 관련 내용	교과 관련 교사 지원
	일상, 놀이, 활동에서의 예		
예술적 요소에 관심을 갖고 찾아본다.	비슷한 색깔의 낙엽을 바닥에 일렬로 늘어놓으며, 선생님을 부른다. "내가 다 찾았어요. 여기 보세요."라고 말하며, 낙엽들을 손으로 가리킨다. "여기서 제일 색깔이 진한 나뭇잎은 이거예요. 아직 다 빨간색으로 변하지 않았는데, 여기 약간 변하고 있는 거 보이죠? 색깔이 점점 빨갛게 되려면 주황색이 먼저 나오나봐요. 여러 가지 색깔이 나뭇잎에 있어요."라며 나뭇잎 한 장을 한참 바라보다 말한다.	예술적 요소	- 자연에서 찾은 나뭇잎에서 낙엽의 변화를 발견하며, 미술적 요소 중 색에 대해 탐색하고 있다. - 아름다움을 발견하는 경험이 쌓이게 되면 자연스럽게 예술적 요소를 발견하게 된다. 교사는 유아가 예술적 요소의 다양함을 발견할 수 있고 차이에 대해 자유롭게 이야기할 수 있는 경험을 지원할 수 있다.

2) 창의적으로 표현하기 교과의 이해

유아가 노래를 즐겨 부르고, 간단한 소리와 리듬을 만들어 보며, 자유롭게 움직이며 춤추고, 다양한 미술 재료와 도구를 활용하여 표현하며, 경험과 이야기를 극놀이로 표현하는 내용이다.

(1) 노래를 즐겨 부른다.

유아가 흥얼거리거나 친구들과 함께 소리와 박자 등을 느끼고 노랫말을 바꾸어 불러 보며 노래 부르기를 즐기는 내용이다.

내용	유아의 경험 일상, 놀이, 활동에서의 예	교과 관련 내용	교과 관련 교사 지원
노래를 즐겨 부른다.	'도토리' 노래를 배우며 교사: '떼굴 떼굴 도토리가' 이 부분은 어떻게 바꿔볼 수 있을까? 우리가 산책 갔을 때 보았던 것들을 넣어보자. 소민: 떼굴 떼굴 솔방울은 어때요? 가인: 단풍잎이 생각 나요. 교사: 그럼 빨강 빨강 단풍잎 이렇게 바꾸는 건 어때요? 가인: 좋아요. 파란 하늘도 넣고 싶어요. 주환: 선생님, 가을 느낌 나요. 빨리 불러 보고 싶어요.	노래 부르기	- 도토리 노래의 가사를 바꾸어 보자는 교사의 제안에 유아들은 자신의 생각을 자유롭게 말하고 있으며, 가을이 되어 볼 수 있는 자연의 다양한 모습으로 노랫말을 바꾸고 있다. - 노래에 대한 흥미를 높이고 즐길 수 있도록 교사는 노래를 다양한 방법으로 불러보도록 제안할 수 있다.

(2) 신체, 사물, 악기로 간단한 소리와 리듬을 만들어 본다.

유아가 자신의 신체, 주변의 사물, 리듬 악기 등을 사용하여 소리와 리듬을 창의적으로 만들어 보는 내용이다.

내용	유아의 경험 일상, 놀이, 활동에서의 예	교과 관련 내용	교과 관련 교사 지원
신체, 사물, 악기로 간단한 소리와 리듬을 만들어 본다.	"아린아. 우리 악기 연주하자. 나는 리듬막대를 가지고 올게.", "그럼 나는 탬버린 할래.", "설아야. 너는 캐스터네츠 가져와", "아니야. 나는 실로폰으로 할래.", "자. 그럼 우리 연주를 시작하는 거야.", "준비~시작!", "먼저 두 번을 같이 쳐보자.", "응 알았어.", "이제는 딴딴딴 딴딴딴 이렇게 해보는 거야." 탬버린을 치는 지윤이의 신호에 맞추어서 악기를 연주한다.	소리와 리듬 만들기	- 유아들은 자신이 원하는 리듬악기를 통해 자유롭게 연주를 시작하려 하며 즉흥적으로 간단한 리듬을 만들며, 함께 연주하려 한다. - 교사는 유아들이 이미 알고 있는 노래의 간단한 멜로디로 악기 연주를 제안해볼 수 있으며, 유아들이 만들어낸 새로운 리듬이나 멜로디를 자유롭게 첨가할 수 있다.

(3) 신체나 도구를 활용하여 움직임과 춤으로 자유롭게 표현한다.

유아가 자연과 생활에서 발견한 다양한 움직임을 자유롭게 표현하고 나아가 자신의 생각과 느낌을 자신의 신체나 다양한 도구를 활용하여 움직임과 춤으로 표현하는 내용이다.

내용	유아의 경험 일상, 놀이, 활동에서의 예	교과 관련 내용	교과 관련 교사 지원
신체나 도구를 활용하여 움직임과 춤으로 자유롭게 표현한다.	단풍나무의 씨앗을 하늘을 향해 날리며 "얘들아 이거 봐. 뱅글뱅글 돌아."라고 말하자 다른 유아는 제자리에서 뱅글뱅글 돌며 "이렇게? 한다."라며 단풍나무 씨앗의 움직임을 따라한다. "아니야. 나 봐봐." 하며 폴짝 뛰며 돌기를 반복한다. 다른 유아는 단풍나무 씨앗 한 줌을 하늘로 던지며 "내가 씨앗 던질 테니까 다시 돌아봐."라고 말한다.	움직임과 춤으로 표현하기	- 단풍나무 씨앗이 바람개비처럼 날아가는 모습을 자연스럽게 발견하고, 몸으로 표현해보고 있다. - 유아가 움직임과 춤으로 자유롭게 표현하기 위해서는 주변에서 볼 수 있는 사물이나 동물 등의 다양한 움직임에 호기심을 가질 수 있도록 충분한 탐색 기회를 제공해야 한다.

(4) 다양한 미술 재료와 도구로 자신의 생각과 느낌을 표현한다.

유아가 자연과 생활에서 발견한 다양한 재료와 도구를 활용하여 여러 가지 방법으로 표현하는 내용이다. 자신의 경험, 느낌, 생각 등을 창의적으로 표현하는 과정을 즐기는 내용이다.

내용	유아의 경험 일상, 놀이, 활동에서의 예	교과 관련 내용	교과 관련 교사 지원
다양한 미술 재료와 도구로 자신의 생각과 느낌을 표현한다.	빨갛게 물든 손가락을 내밀며 태겸: 얘들아, 내 손 봐봐. 지민: 우와. 어떻게 한 거야? 태겸: 여기 빨간 열매를 컵에 넣고 숟가락으로 터트렸더니 이 색이 나왔어. 지민: 나도 하고 싶다. 태겸: 나 저기 돌에 그림 그리고 있었는데, 같이 가볼래? 지민: 응, 내가 빨간 열매 더 구해올까?	표현재료와 용구	- 유아들은 자연에서 빨간 열매를 발견하였고, 돌에 그림을 그리기 위해 필요한 재료로 쓰이고 있다. - 교사는 일상에서 발견한 미술 재료를 격려하며, 창의적인 표현을 존중한다.

(5) 극놀이로 경험이나 이야기를 표현한다.

유아가 자신의 경험, 다양한 상황, 이야기를 자유롭게 상상하며 극놀이로 표현하는 과정을 즐기는 내용이다.

내용	유아의 경험 일상, 놀이, 활동에서의 예	교과 관련 내용	교과 관련 교사 지원
극놀이로 경험이나 이야기를 표현한다.	아이스크림 모형을 나눠 가지고 있다. 교사: 아이스크림가게 놀이야? 하은: 아니요. 디저트가게예요. 여기 컵케이크도 있고, 아이스크림도 있고, 주스도 있어요. 지민: (접시를 내밀며) 선생님은 여기에 먹고 싶은 걸 담으세요. 태은: 나도 같이하자. 하은: 그래! 선생님 이거 먹어보세요. 커피도 한잔 드릴까요? 교사: 냠냠, 잘 먹었습니다.	문학에 대한 흥미	- 유아들은 디저트가게 놀이를 하며, 교사에게는 손님 역할을 제안한다. 자신의 경험이나 생각을 디저트가게 놀이에 맞게 구성하여 놀이가 진행될 수 있게 표현하고 있다. - 교사는 일상 경험을 유아들과 함께 이야기 나누거나 책을 읽어줄 수 있으며, 적절한 환경과 자료를 제공하여 극놀이의 표현이 풍부해질 수 있도록 지원한다.

3) 예술 감상하기 교과의 이해

유아가 자신과 또래의 작품뿐만 아니라 다양한 예술을 감상하며 상상하기를 즐기고, 서로 다른 예술 표현을 존중하며, 우리 고유의 전통예술에 친숙해지는 내용이다.

(1) 다양한 예술을 감상하며 상상하기를 즐긴다.

유아가 자신과 또래의 작품이나 음악, 춤, 미술작품, 극 등 다양한 예술을 감상하고 자유롭게 상상하기를 즐기는 내용이다.

내용	유아의 경험 일상, 놀이, 활동에서의 예	교과 관련 내용	교과 관련 교사 지원
다양한 예술을 감상하며 상상하기를 즐긴다.	강강술래 영상을 보며 노래도 함께 불러보았다. 지훈이는 강강술래 노래를 흥얼거리며 "강강술래 할 사람 다 모여."라고 말하자 다른 유아들이 "나도 나도" 하며 다수의 유아들이 손을 잡는다. "♪우리는 강강~술래, 강강~술래! 술래를 잡자~", "술래를 잡자? 엥, 술래잡기가 생각나네."라고 말하며 노래를 바꾸어 부른다.	예술 작품에 대한 느낌과 생각	- 강강술래를 감상한 유아들이 직접 강강술래를 몸으로 표현해보고 싶어 한다. 강강술래의 모습과 노래를 흥얼거리며 강강술래에 관심을 가지고 있다. - 교사는 유아들과 함께 다양한 예술작품을 감상하며 느껴지는 감정, 생각을 자연스럽게 나누고 표현할 수 있는 기회를 제공한다.

(2) 서로 다른 예술 표현을 존중한다.

유아가 자신과 또래의 작품, 음악, 춤, 미술작품, 극 등에 포함된 다양한 표현을 존중하는 내용이다.

내용	유아의 경험 일상, 놀이, 활동에서의 예	교과 관련 내용	교과 관련 교사 지원
서로 다른 예술 표현을 존중한다.	팔로 스케치북을 가리며 지은: 너! 내 그림 보지 마. 로아: 왜 나도 보여줬잖아. 지은: 방금 그림 보고 웃었잖아. 로아: 그 공룡 그렇게 안 생겼어! 거기에 뿔이 없는데, 뿔을 그리니 웃기잖아. 지은: 아니야. 내 생각대로 그린거란 말이야. 공룡은 이렇게 생겼어! 화가 난 듯 지은이는 스케치북을 가지고 다른 자리로 이동한다.	예술 표현에 대한 존중	- 그림을 그리던 중 유아들 간의 다툼이 생겼다. 한 유아가 친구가 그린 그림을 보며, 자신이 생각하는 공룡과 다르게 그렸다는 것에 웃음을 지었고, 이에 공룡을 그린 유아가 화를 내고 있다. - 교사는 유아들이 보여주는 자신만의 표현과 창의적인 표현을 존중하며, 유아들 또한 서로 다른 표현 방식을 존중하는 태도를 기를 수 있도록 해야 한다.

(3) 우리나라 전통 예술에 관심을 갖고 친숙해진다.

유아가 우리나라 고유의 전통 음악, 춤, 미술, 건축물, 극 등에 관심을 가지고 전통 예술을 감상하며 우리나라 문화에 친숙해지는 내용이다.

내용	유아의 경험 일상, 놀이, 활동에서의 예	교과 관련 내용	교과 관련 교사 지원
우리나라 전통 예술에 관심을 갖고 친숙해진다.	장구를 가져오며 미은: 기다려줘. 나랑 같이 하자. 하진: 이건 오른쪽에, 이건 왼쪽에 잡고, (쿵 따 따, 쿵 따 따) 미은: 산도깨비가 도망 갔네~ 하진: 도망 갔으니까 여기는 빨리 치자. 미은: 응 좋아. (채를 빠르게 움직이며) 쿵쿵쿵쿵 이렇게 하면 되는 거야? 하진: 응 나도 해볼게. 쿵쿵쿵쿵쿵쿵 미은: 진짜 빠르다. 장구 소리 좋아. 하진: 얘들아. 북도 같이 쳐줘. 민준, 하연, 준우: 알았어. 같이 하자.	우리나라의 전통 예술	- 산도깨비에 맞추어 장구를 연주하려 한다. 노랫말에 따른 간단한 장단으로 장구를 연주하며 국악이 가지는 특유의 분위기를 느끼고 있다. 북 연주를 친구에게 제안하며 장구 소리뿐만 아닌 전통악기에 대한 관심이 높음을 알 수 있다. - 교사는 전통악기를 배치하거나 유아들이 쉽게 배울 수 있는 전래노래, 국악동요 등을 들려주며 다양한 전통음악에 보다 친숙해질 수 있는 기회를 제공한다.

그림 8-2 ▶ "쿵쿵쿵쿵 이렇게 하면 되는 거야?" 하며 장구를 두드려 본다.

(우리나라의 전통 예술) 전통악기를 직접 연주해보는 경험은 전통음악과 장단에 친숙해질 수 있는 소중한 기회가 된다. 유아가 전통 예술의 아름다움을 느끼고 즐길 수 있는 경험은 명절이나 지역축제, 특별한 날 등 유아의 생활경험과 연결지어 제공할 수 있다.

2. 예술경험 영역 교과교육의 통합적 접근

〈아름다운 자연 색깔에서 나오는 다양한 소리와 움직임〉은 예술경험 영역 교과교육의 통합적 접근 놀이 사례이다. 본 놀이 사례는 유아들의 경험과 대화에서 피어나는 예술적 감수성을 교사가 포착하여, 미술-음악-동작이 통합적 교과로 작용하며 놀이 속에서 발현되는 지점에 주목할 필요가 있다. 예술적 감수성의 포착에 있어 자연 관찰을 무조건 과학적 탐구와 태도 기르기에만 중점을 두기보다도 유아의 대화와 움직임, 빛과 색깔, 소리 등이 문학과 연계성을 가질 수 있는 문학적 감수성에 주목한 것도 의의가 있다.

① 언어로 형용할 수 없는 자연의 색, 거꾸로 뒤집힌 사진, 상상을 유발하는 줄기의 모습 등은 유아들로 하여금 예술적 요소들이 담긴 상상적 이야기를 하게 이끌었다. 이러한 예술 감상하기의 태도를 지원하기 위해 교사는 유아들 수준에서 감상할 수

있도록 자연예술 카탈로그를 만들고, ⑥ 기린반 그림터를 만들어 예술표현과 예술감상이 서로 경계를 넘어서 이어질 수 있도록 지원하였다. ② 시들어가는 꽃에서 발생한 돌봄의 마음은 물이 필요하다는 과학적 사실을 생각나도록 했지만, 유아들이 더욱 몰입한 것은 비를 가득 머금은 그림책의 한 장면이었다. 과학적으로는 연결되지 않지만, 유아들의 예술적 감수성에서는 충분히 이어질 수 있는 상상이야기를 교사는 놀이로 발현될 수 있도록 자신이 알고 있는 '습식 수채화' 기법을 제공하였다. 이 기법도 정해진 방법이 아닌, 유아가 실험하며 끊임없이 물을 머금은 구름을 만들 수 있는 시간과 기회를 주었다. ③ 물을 머금은 정도에 따라 물감은 다르게 펴져 나갔고, 그 번짐의 순간들은 무언의 소리와 감각을 담은 기록으로 드러났다. ④ 강렬하고 거친 느낌에서는 싸싸싸 소리와 함께 빠른 우쿨렐레 연주를, 그 장면에서 징과 탬버린을 활용한 천둥치는 소리를, 그 소리를 통해 신체표현을, 소리를 감상하며 물감 위에서 또다시 신체표현을 하며 미술놀이로 이어가며 유아들은 온몸으로 예술을 감각할 수 있었다. ⑤ 찐득하게 반복적으로 달샤베트가 떨어지는 듯한 그림에서 카바사를 느리게 돌리며 진득한 소리를 만드는 유아의 예술적 감각은 그 어느 예술가들의 감각과도 비등함을 이 사례에서 알 수 있다.

본 사례는 ①~②~③~④~⑤~⑥으로 이어지며 유아들의 일상에서 자연탐구 경험과 통합된 예술경험의 통합적인 교과를 발견하는 데 중점이 있다. 음악, 미술, 동작이 따로 떨어져 새 노래를 배우고, 그림을 그리고, 신체표현을 하는 분절된 교과의 교육경험이 아니라, 유아들이 펼쳐내는 예술적이고 문학적인 감수성을 포착하여 삶에서 펼쳐지는 예술경험을 바라보는 교사의 시각이 요구됨을 알 수 있다. 따라서 교사는 유아들과 함께 살아가는 시간과 공간 속에서 스스로의 예술적 감수성을 여는 순간의 마주침들에 감각적인 노력을 기울일 필요가 있을 것이다.

예술경험 영역과 교과교육의 통합적 사례 : 아름다운 자연 색깔에서 나오는 다양한 소리와 움직임

1

놀이에서 배움의 내용	교사의 교과에 대한 고민	교사의 지원
 수목원 현장학습에서 유아들이 스스로 찍었던 사진을 감상하며 이야기를 나눈다. "우와! 하늘에서 햇님이 광선 쏜다. 초록나무 뜨겁겠다. 그런데 햇빛 색깔이 빨간색이 아니야." "노랑색도 아니고, 은색깔 색연필 색도 아닌 것 같은데… 음… 그냥 햇빛색이라고 하자! 흐흐." "구름이 몽글몽글해. 우리 집 강아지 같다." "초록색이랑 파랑색이 제일 많아." "아니다. 햇빛색이랑 꽃색도 있다." "꽃이 팔 올려서 구름 먹는 것 같아요! 빨대 같다." "나무가 거꾸로 되니까 내가 하늘에 빠질 것 같아."	유아들은 자연과 생활 속에서 직접 찍은 사진을 감상하고 자신이 느끼는 색, 모양, 공간, 질감에 대하여 아름다움을 느끼며 그 감응을 함께 나누고 있었다. 나무의 구도가 뒤집어서 찍힌 사진, 꽃줄기가 길게 뻗어 구름에 이어지는 선을 만든 것 같은 착시를 일으키는 사진 등은 유아들에게 또 다른 감응과 이야기를 만들어 주었다. 강렬한 햇빛과 선명한 초록색은 유아에게 여름의 향을 느끼게 하였으며, 정형화되어 있는 색의 이름으로 표현하기 모호한 색감은 '햇빛색', '꽃색'으로 표현하며 자신의 느낌을 언어화하였다. 교사는 자연과 관련된 사진이라 자연탐구로 놀이의 방향을 잡으려고 했으나, 유아들의 실제 이야기는 위와 같이 예술적 측면을 담고 있었다. 이에, 교사는 자연탐구영역의 경험보다도 유아들이 예술경험으로 놀이가 이어질 것임을 파악할 수 있었다.	아이들이 현장학습에서 스스로 찍은 사진, 바깥놀이터의 텃밭사진 등 유아의 주변에서 만나는 자연, 공간, 사물 등은 유아들의 상황에 따라 각양각색의 아름다움과 감응을 전하며 아이들에게 내러티브를 만들어주었다. 교사는 유아들이 자연과 생활에서 아름다움을 느끼고 즐길 수 있도록 자연예술 그림책 카탈로그를 구성하여 자연을 탐색하며 아름다움을 찾는 예술성을 기를 수 있도록 지원하였다. 유아들이 자연의 변화와 아름다움을 감상할 수 있도록 바깥놀이터 여주의 과거와 현재의 모습을 담은 사진을 추가로 제공하며 유아들과 함께 자연예술 카탈로그를 만들어 볼 수 있는 자료를 제공하여 자연의 아름다움을 지속적으로 감상할 수 있도록 지원하였다. 

❷ 놀이에서 배움의 내용

"하늘에 물이 없어서 시들었나? 꽃잎이 안 통통해. 빼빼해."

"하얀 구름에는 물이 없다. 시커먼 구름이 있어야 비가 오는데… 「이상한 엄마」는 엄청 시커멓잖아." (그림책의 한 장면 연상)

*백희나(2016). 「이상한 엄마」. 서울: 책읽는곰.

교사의 교과에 대한 고민

수목원 현장학습 사진에서 유아들이 느끼는 것은 자연의 아름다움뿐만 아니라 '시들어가는 꽃의 모습'과 '물이 없는 여름 하늘'에 대한 상상적 이야기도 녹아 있었다. 물을 먹지 못해 빼빼 마른 듯한 꽃잎의 모양과 (비가 내릴 정도의) 물이 들어 있지 않아 하얀 구름은 과거에 선생님과 함께 읽었던 그림책을 연상하게 만들었다. 그림책 속의 시커먼 구름은 그림책이 끝날 때까지 계속 비를 내려주었기 때문이다.

시들어 버린 꽃에 대한 안타까움은 비가 충분히 올 만큼의 물을 머금고 있지 않은 하얀 구름이 야속하게 느껴지도록 했고, 유아가 느끼는 이러한 감응은 "이런이런… 흰 구름에 먹을 쏟아 버렸네. 이를 어쩌지?"라는 「이상한 엄마」 그림책의 한 장면을 떠올리며 공명케 했다.

교사는 물이 부족해 꽃이 시들어 버린 점, 비구름의 색이 시커멓게 보이는 점 등의 과학적 사실을 탐구하는 것에 집중하기보다도 유아가 자신의 삶 속에서 공명하고 있는 문학작품의 한 장면을 유지하기 위해 아이들과 읽었던 그림책의 내용을 다시 읽으며 '시들어 가는 꽃'에 대하여 이야기를 나누었다.

교사의 지원

자연에 대한 탐구는 유아들이 궁금한 것을 탐구하고 실험해 보며 과학적 탐구과정을 즐기는 것에 초점이 맞춰져 있는 것이 일반적이다. 왜냐하면 과학적 사실 발견이 유아들의 삶에 도움이 되는 인지적인 앎을 구성해 주리라는 인지적 사고 중심주의의 믿음 때문일 것이다. 하지만 자연은 그 자체로서 유아들에게 아름다움을 경험하게 해주며, 자신의 삶을 예술적으로 공명하게 해준다. 따라서 교사는 자연에서의 경험을 예술적 감수성을 가지고 예술경험으로 바라보고 유아의 놀이를 지원할 필요가 있다.

또한 유아들이 그림책을 좋아하는 이유는 그 속에서 지식을 습득할 수 있기 때문이 아니라, 그림책 속에서 상상적 삶을 살 수 있기 때문이다. 교사는 유아들이 느끼는 문학적 감수성이 살아날 수 있도록 아이들의 삶 속에서 그림책의 예술성이 과학적이고 사실적인 지식에 뒤처지지 않도록 유아의 삶에 함께 감응할 수 있도록 노력하였다.

③

놀이에서 배움의 내용	교사의 교과에 대한 고민	교사의 지원
  "물이 더 있어야 해. 더 많아야 해." "하늘에 시커먼 구름이 있어. 그래서 시커먼 비가 내리는 거야. 후두두둑 후두두둑 쏴아~~ 내린다." "하늘에 바람이 불어 후~ 내가 부니까 물감이 움직인다."	'물이 더 많이 있어야 한다는 유아들의 요구'에 따라 교사는 '습식수채화'를 할 수 있도록 준비하였다. 두꺼운 종이에 물을 머금게 하고 물의 번짐을 감상하였다. 비를 머금은 시커먼 구름을 만들기 위하여 유아들은 자신이 지금껏 경험한 물감의 특성을 활용하여 다양한 방법으로 표현해 내며 자신의 경험, 느낌, 생각을 창의적으로 표현하는 과정을 즐겼다.	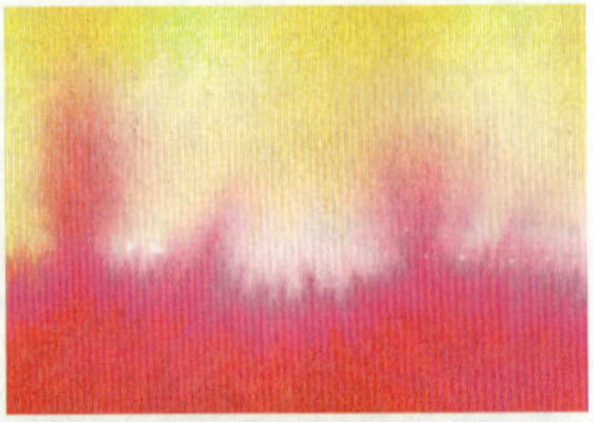  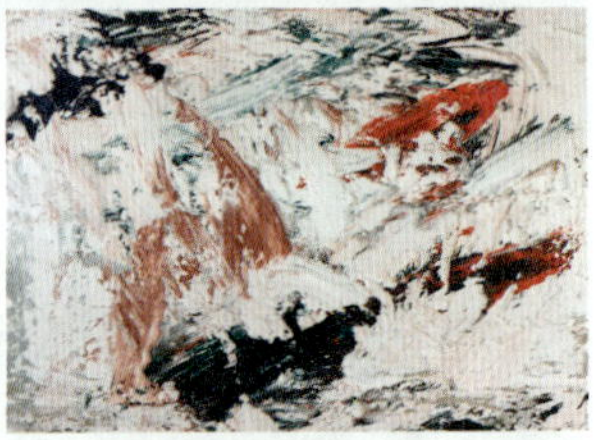 교사는 유아들이 물감의 움직임을 감상하며 이야기를 만들어 내는 것에 착안하여 유아의 작품을 촬영하였다. 물감의 성분에 따라 다르게 표현되는 작품의 질감은 유아들에게 다양한 감상적 표현을 드러내게 하였다. 교사는 유아의 작품 사진을 출력하여 교실의 벽면에 '기린반 그림터'를 만들어 주어 언제든지 감상할 수 있도록 지원하였다.

4

놀이에서 배움의 내용

"나는 싸싸싸싸싸~내린다."
"나는 우르르 쾅! 쾅! 쾅! 내린다. 구름이 싸우는 소리야. 싸울 때는 빨리 빨리! 선생님 우쿨렐레 빠르게 연주해 주세요."
"와!! 빠르다!"
"구름이 싸울 때는 징이야 징! 탬버린도!"
"나는 북 두드릴 거야."

교사의 교과에 대한 고민

물이 많은 하늘과 구름을 만든 유아들은 물감의 번지는 속도를 보며 하늘에서 들릴 것 같은 소리를 묘사하기 시작했다. 교사는 유아가 리드미컬하게 내는 소리의 장단에 맞추어 마라카스와 탬버린을 흔들었고, 이내 유아들은 비가 많이 내리는 날의 하늘 소리를 창조해 내기 시작했다. 유아들은 장구, 징, 탬버린, 마라카스, 트라이앵글을 다양한 방법으로 흔들며 리듬과 장단을 만들었다. 교사는 유아의 놀이가 미술적 표현에서 상상적 이야기로, 그 이야기는 음악과 동작으로 생성되는 과정을 포착하였다.

교사의 지원

교사는 유아들이 만든 소리와 리듬을 녹음해 주었고, 그 음악을 함께 감상하였다. 그 소리를 감상하는 동안 유아들은 흥겹게 자신의 몸을 떨고 춤추며 신체로 소리를 표현하기 시작하였다. 교사는 유아들이 표현하는 신체적 리듬이 시각화될 수 있도록 바닥에 전지를 깔고 유아들이 생성하는 예술적 표현을 담았다. 신체, 사물, 악기를 활용해 소리를 만들고, 움직임과 춤으로 자유롭게 표현할 수 있는 공간과 재료를 지원하였다.

5

놀이에서 배움의 내용

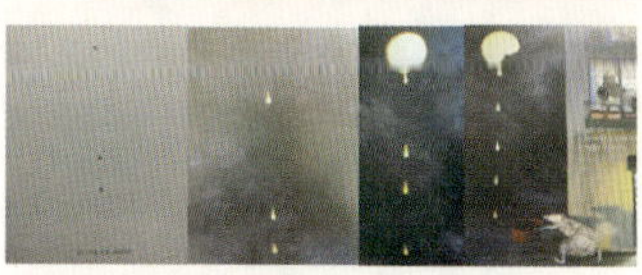

"똑똑 이게 무슨 소리지?"
"똑… 똑… 똑…"
"똑… 똑똑… 똑똑똑똑똑"
"리듬막대 두드리는 소리 같다!"
"찐득~ 찐득~ 달 샤베트는 진뜩한 소리로 떨어질 것 같다.(카바사 악기를 느리게 돌리며 진득한 소리 만들기)"

*백희나(2014). 「달 샤베트」. 서울: 책읽는곰.

교사의 교과에 대한 고민

유아들은 그림책의 그림 패턴과 반복되는 글자 소리를 듣고 자기만의 소리를 만들어 내었고, 그 소리 패턴에서 '리듬막대 소리'를 떠올렸다. 교사는 유아들이 그림에서 소리를 만들어 내는 교육적 순간을 포착하여 그림 패턴을 소리 패턴, 박자, 리듬으로 만들어 볼 수 있는 놀이를 고민하였다.

교사의 지원

유아들이 신체, 사물, 악기로 간단한 소리와 리듬 만들기를 한 것을 교사는 교육적 순간으로 포착하여 난타 형태의 소리극으로 놀이가 이어질 수 있도록 유아들에게 다양한 악기와 생활용품을 지원하였다. 유아들은 자신이 만든 소리를 동생반을 초대하여 공연을 하자고 하였으며, 놀이는 동생반을 초대한 소리극 공연으로 이어질 수 있었다.

6

놀이에서 배움의 내용	교사의 교과에 대한 고민	교사의 지원
  "고흐 그림은 가까이에서 보면 애벌레들이 많이 붙어 있는 것 같다.(웃음)" "멀리서 보면 얼굴이야. 신기해." "우와~ 주호 그림 그리는 거 싫어하는데, 진짜 고흐처럼 그렸다. 주호는 고흐처럼 그리니까 잘 그린다!"	유아들의 예술작품을 걸어 놓고 자유롭게 그릴 수 있도록 마련한 '기린반 그림터'에 교사는 고흐의 자화상과 관련된 그림을 놓아두었다. 유아들이 고흐의 그림체를 흉내 내어 그리기 시작하자, 평소에 그림을 못 그린다고 생각했던 친구들이 오히려 그림을 더 잘 그린다는 것을 유아들이 발견해 내었다. 교사는 고흐의 자화상을 모티프로 유아들이 자신의 얼굴을 그리는 것에 초점을 둘 것으로 예상하였으나, 유아들은 고흐의 그림체에 관심을 가졌고, 친구의 그림에서도 유사한 그림체를 발견하고는 친구의 작품을 높게 평가하였다.	고흐라는 화가의 그림체 기법은 유아들이 서로 다른 예술 표현을 존중하고 친구를 격려하도록 만드는 역할을 하고 있었다. 교사는 자신이 생각하지 못했던 부분이 유아들에게 놀이와 배움으로 다가갈 수 있음을 느끼며 유아의 감각에서 교사가 함께 예술적으로 배워나갔다.

활동해 보아요

♣ 놀이 속 교과지식 찾아보기

[유아들의 사전 경험]

'호랑이골 떡 잔치' 그림책을 읽고 유아들과 함께 떡 잔칫날 놀이를 준비한다. 교사는 필요한 소품으로 떡을 광주리에 담아 한데 모아 두었고, 호랑이와 할머니 의상도 준비해두었다.

[교사의 놀이기록]

유아들은 교사가 준비해둔 소품을 보며, 잔칫날처럼 자신이 먹고 싶은 떡을 직접 골라 보기로 한다. "지민아, 넌 어떤 떡 좋아해? 나는 이 떡이 진짜 맛있어 보인다. 넌 호랑이 할래? 내가 할머니처럼 떡 많이 만들어 줄게.", "응, 그럼 내가 호랑이 할게. 할머니 저는 송편을 좋아해요. 송편도 만들어주세요.", "얘들아, 나랑 같이 호랑이 할 사람? 지민이 할머니가 떡을 엄청 많이 만들어줄 거야."라고 말하며 친구들을 부른다.

할머니 역할을 맡은 유아가 떡이 담긴 광주리에서 떡 몇 가지를 골라 담으며, "호랑이들아, 기다려. 떡살로 찍은 떡도 있네, 다 하나씩 갖다 줄게. 꼭꼭 씹어 먹어."라고 말하며 떡이 담긴 접시를 나눠준다.

- 위 놀이 사례를 읽고 떠오르는 교과와 관련된 내용을 찾아보세요.

- 예술경험의 내용과 연계하여 유아를 지원할 수 있는 놀이나 활동 계획을 세워보세요.

Chapter

9

자연탐구 영역과 교과의 실제

제9장 자연탐구 영역과 교과의 실제

[목표]

탐구하는 과정을 즐기고, 자연과 더불어 살아가는 태도를 가진다.

- 일상에서 호기심을 가지고 탐구하는 과정을 즐긴다.
- 생활 속의 문제를 수학적, 과학적으로 탐구한다.
- 생명과 자연을 존중한다.

[내용]

내용범주	내용
탐구과정 즐기기	주변 세계와 자연에 대해 지속적으로 호기심을 가진다.
	궁금한 것을 탐구하는 과정에 즐겁게 참여한다.
	탐구과정에서 서로 다른 생각에 관심을 가진다.
생활 속에서 탐구하기	물체의 특성과 변화를 여러 가지 방법으로 탐색한다.
	물체를 세어 수량을 알아본다.
	물체의 위치와 방향, 모양을 알고 구별한다.
	일상에서 길이, 무게 등의 속성을 비교한다.
	주변에서 반복되는 규칙을 찾는다.
	일상에서 모은 자료를 기준에 따라 분류한다.
	도구와 기계에 대해 관심을 가진다.
자연과 더불어 살기	주변의 동식물에 관심을 가진다.
	생명과 자연환경을 소중히 여긴다.
	날씨와 계절의 변화를 생활과 관련짓는다.

1. 자연탐구 영역에서 교과 읽기와 지원하기

1) 탐구과정 즐기기 교과의 이해

유아가 주변 세계와 자연에 대해 지속적으로 호기심을 가지고, 궁금한 것을 탐구하는 과정에 적극적으로 참여하면서 서로 다른 생각에 관심을 갖는 내용이다.

(1) 주변 세계와 자연에 대해 지속적으로 호기심을 가진다.

유아가 물질, 물체, 동식물, 자연현상 등에 호기심을 가지고, 놀이에서 지속적으로 궁금한 것을 찾아가거나 표현하는 내용이다.

내용	유아의 경험 일상, 놀이, 활동에서의 예	교과 관련 내용	교과 관련 교사 지원
주변 세계와 자연에 대해 지속적으로 호기심을 가진다.	텃밭에 심어 둔 딸기를 살펴보며 1일차) "여기 딸기가 달려 있어요. 나 딸기 진짜 좋아하는데…" 2일차) "얘들아. 딸기 봐. 아직 초록색이야. 먹을 수 없어." 4일차) "선생님. 딸기는 언제 따 먹을 수 있을까요?" 5일차) "우와! 빨갛게 익었네. 딸기 향기가 나요."	과학적 태도 - 호기심 가지기	- 텃밭에 둔 딸기에 호기심을 가지며, 딸기에 대한 자신의 생각과 함께 딸기의 색, 냄새 등을 말하며 딸기가 익어가는 과정에 주의를 기울이고 있다. - 교사는 유아의 호기심이 어디에 머물러 있는지를 이해하고, 유아가 새롭게 느끼거나 궁금해하는 것, 알고 싶어 하는 것에 대한 호기심이 유지되고 확장될 수 있는 환경을 마련한다.

(2) 궁금한 것을 탐구하는 과정에 즐겁게 참여한다.

유아가 궁금한 것을 알아보기 위해 관찰, 비교, 분류, 예측, 실험 등의 다양한 탐구과정을 자발적으로 즐기는 내용이다.

내용	유아의 경험 일상, 놀이, 활동에서의 예	교과 관련 내용	교과 관련 교사 지원
궁금한 것을 탐구하는 과정에 즐겁게 참여한다.	– 산책을 다녀온 뒤 보았던 것을 말한다. (관찰) – 돋보기를 사용하여 개미의 모습을 살펴본다. (관찰) – 신고 온 양말의 색깔에 따라 모둠을 정해본다. (분류) – 자연물을 모양과 색깔에 따라 분류해본다. (비교·분류) – 모래에 물을 붓는 유아들에게 "물이 어떻게 될 것 같아?"라고 물어본다.(예측) – 경사로를 만든 유아들에게 "어떤 자동차가 멀리 갈까?"라고 질문한다.(예측) – 콩나물 키우기 활동을 통해 식물이 자라기 위해 필요한 것을 알아본다. (실험)	과학적 탐구기술과 태도	– 다양한 탐구과정을 경험할 수 있는 기회는 유아가 스스로 답을 찾고 새로운 생각을 만들어 내는 등의 창의적 사고 과정과도 연결되므로, 교사는 다양한 탐구과정을 경험할 수 있는 기회를 제공하는 것이 필요하다.

(3) 탐구과정에서 서로 다른 생각에 관심을 가진다.

유아가 탐구하는 과정에서 자신의 생각을 또래나 교사와 함께 공유하고, 서로 다른 생각에 관심을 가지는 내용이다.

내용	유아의 경험 일상, 놀이, 활동에서의 예	교과 관련 내용	교과 관련 교사 지원
탐구과정에서 서로 다른 생각에 관심을 가진다.	장수풍뎅이 책을 보며, 두 명의 유아가 그림을 그린다. 정수: 이것 봐. 내가 그린 장수풍뎅이야. 나무에 올라가고 있지? 도겸: 내 것도 봐. 난 전투하고 있어. 사슴벌레랑 장수풍뎅이가 전투 중인데, 누가 이길 것 같아? 정수: 책에 있었는데… 사실 누가 이길지는 모르는 거잖아. 도겸: 그렇지. 그래도 나는 사슴벌레가 이길 것 같아. 뿔이 두 개잖아.	과학적 탐구 기술과 태도	– 자신이 발견한 것, 새롭게 알게 된 것을 자유롭게 표현하고 싶어 한다. 말과 그림으로 기록하는 과정은 스스로의 발견에 기초하고 있으며, 또래나 교사에게 들려주거나 보여주는 과정을 통해서 서로 다른 생각을 접하고 있다. – 교사는 유아가 다양한 탐구과정 속에서 자신과 다른 생각에 관심을 가질 수 있도록 의견 나누는 기회를 제공해준다.

2) 생활 속에서 탐구하기 교과의 이해

유아가 물체의 특성과 변화를 여러 가지 방법으로 탐색하고, 물체를 세어 수량을 알아보고, 물체의 위치와 방향, 모양을 알고 구별하며, 길이와 무게 등의 속성을 비교하고, 반복되는 규칙을 찾아보고, 모은 자료들을 기준에 따라 분류하며, 도구와 기계에 관심을 가지고 생활 속의 문제를 다양하게 탐구하는 내용이다.

(1) 물체의 특성과 변화를 여러 가지 방법으로 탐색한다.

유아가 주변에서 쉽게 발견할 수 있는 친숙한 물체나 물질의 크기, 모양, 색, 냄새, 소리, 질감과 같은 기본적 특성에 관심을 갖는 내용이다. 물체나 물질을 자르고 섞는 등 다양한 방법으로 변화시켜보며, 변화되는 특성과 변화되지 않는 특성이 무엇인지 탐색해 보는 내용이다.

내용	유아의 경험	교과 관련 내용	교과 관련 교사 지원
	일상, 놀이, 활동에서의 예		
물체의 특성과 변화를 여러 가지 방법으로 탐색한다.	밀가루를 손으로 만져보며, "아 부드러워!"라고 말한다. 교사가 밀가루 반죽에 물을 조금씩 부으며 반죽하자 "밀가루가 찐득찐득히게 변하는 것 같아."라며 밀가루 반죽을 관찰한다. 교사가 건넨 밀가루 반죽을 만져보면서 "폭신폭신하네. 무언가를 만들고 싶어. 약간 클레이 느낌도 나."라고 말한다.	물체와 물질의 특성과 변화	- 유아는 밀가루가 가진 가루의 질감과 밀가루와 물이 만나 변화되는 특성을 만져보고, 눈으로 확인하며 관찰하고 있다. - 교사는 물체의 색, 크기, 모양, 냄새, 질감 등의 특성에 관심을 가지고 탐색할 수 있도록 물체를 직접 탐색해보는 경험을 만들어 줄 수 있다.

(2) 물체를 세어 수량을 알아본다.

유아가 일상에서 수에 관심을 가지고, 수량을 세어 많고 적음 및 수량의 변화를 알아보는 내용이다.

내용	유아의 경험	교과 관련 내용	교과 관련 교사 지원
	일상, 놀이, 활동에서의 예		
물체를 세어 수량을 알아본다.	친구와 도미노 블록을 10개씩 나눠 가진다. 도미노 블록을 일렬로 세워보며, 몇 개씩 세워졌는지 함께 세어 본다. "나는 6개 세웠는데, 넌?", "하나, 둘, 셋, 넷… 나는 9개 세웠어. 한 개 남았거든." 하고 말한다. "음, 그러면 내가 3개 더 세울게. 같이 세우자. 조금만 기다려줘." 자신이 가진 10개에서 9개를 세워 1개가 남았다는 것을 알아낸다.	수와 연산	- 유아는 자신이 가진 10개에서 9개를 세우고, 1개의 도미노가 남아 있다는 것과 친구와 비교하여 3개가 차이 난다는 것을 알아내었으며, 10까지의 수를 셀 수 있다. - 교사는 구체물을 통해 수세기를 하며 수의 이름과 숫자 대응해보기, 수의 양과 숫자 대응하기 등의 경험을 제공할 수 있다.

(3) 물체의 위치와 방향, 모양을 알고 구별한다.

유아가 자신과 물체를 기준으로 앞, 뒤, 옆, 위, 아래 등 공간 안에서 위치와 방향을 알아가는 내용이다. 유아가 주변 환경에서 네모나 세모, 둥근 기둥, 상자 모양 등을 찾고 다양한 모양에서 공통점과 차이점을 알아가는 내용이다.

내용	유아의 경험	교과 관련 내용	교과 관련 교사 지원
	일상, 놀이, 활동에서의 예		
물체의 위치와 방향, 모양을 알고 구별한다.	친구에게 다가가며 "책상 위에 있는 곰돌이 나 빌려줘도 돼?"라고 물어본다. "안 돼. 나 지금 놀고 있어. 저기 저 펭귄 인형으로 놀면 되잖아."라고 다른 인형을 제안하자 "응? 펭귄 없던데…", "저기 교구장 제일 아래 칸 갈색 바구니 안에 있잖아."라고 위치를 알려준다.	공간과 도형	- 유아는 자신이 놀이하고 싶은 곰돌이를 지칭하며 곰돌이의 위치를 정확하게 말하고 있다. 다른 유아 또한 펭귄 인형의 위치를 방향과 관련된 용어를 사용하여 알려주고 있다. - 교사는 위/아래/앞/뒤 등과 같이 물체의 위치나 방향을 나타내는 언어를 일상에서 사용하도록 모델링이 되어 주며 격려할 수 있다.

(4) 일상에서 길이, 무게 등의 속성을 비교한다.

유아가 일상에서 길이나 무게 등 측정 가능한 속성을 알고, 이 속성을 기준으로 물체를 비교하여 순서 지어보는 내용이다. 이 과정에서 유아는 자신의 신체를 비롯하여 다양한 물체를 활용하고, 다양한 비교 어휘를 사용하면서 순서를 지어볼 수 있다.

내용	유아의 경험	교과 관련 내용	교과 관련 교사 지원
	일상, 놀이, 활동에서의 예		
일상에서 길이, 무게 등의 속성을 비교한다.	미유: 지은아. 키 재어 보자. 지은: 내가 더 큰 것 같은데… 미유: 아니야. 비슷하다고. 지은: 그러면 종이벽돌로 재어보자. 누워봐. 내가 종이벽돌 가지고 올게. 미유: 응. 누워 있을게. 키 잘 재어줘.	측정	– 서로 키 재기 놀이를 하며, 시각적으로 비교하기를 넘어서 임의 측정 도구인 종이벽돌을 가지고 시도하고 있다. – 교사는 길이, 크기, 무게 등을 일상에서 비교해볼 수 있도록 다양한 경험을 제공할 수 있는데 이때 임의 측정 도구를 사용한 측정 및 비교 관련 어휘를 사용할 수 있도록 지원한다.

(5) 주변에서 반복되는 규칙을 찾는다.

유아가 생활 주변에서 사물이나 사건의 양상이 일정한 순서로 반복 배열되는 것에 관심을 갖고 즐기며, 반복되는 배열에 숨어 있는 질서와 규칙을 발견하여 다음에 올 것이 무엇인지를 예측하는 내용이다.

내용	유아의 경험	교과 관련 내용	교과 관련 교사 지원
	일상, 놀이, 활동에서의 예		
주변에서 반복되는 규칙을 찾는다.	자석칠판에 모양조각으로 새로운 모양들을 구성하며 예준: 채빈아 이거 봐봐. 빨.주.노.초.파.보 동그라미 연결했어. 예준: 꽃 모양도 만들었어. 다른 모양도 찾아봐. 채빈: 진짜 무지개처럼 만들어보자. 똑같은 색깔로 만들어야 해.	규칙성	– 모양조각을 이용하여 자신만의 새로운 모양으로 구성해내고 있다. 6가지 색의 순서를 동일하게 배열하는 색깔 규칙에 따라 만들고 있다. – 교사는 유아들의 놀이 속에 나타나는 규칙의 반복성에 주의를 기울이며 새로운 규칙을 제안할 수 있으며, 규칙(패턴)을 자유자재로 만들 수 있는 자료를 제공한다.

그림 9-1 ▶ "똑같은 색깔로 만들어야 해"라고 말하며 색의 배열을 반복한다.

(6) 일상에서 모든 자료를 기준에 따라 분류한다.

유아가 일상생활에서 흥미와 관심에 따라 필요한 자료를 다양한 방법으로 모으고, 수집한 자료의 공통점과 차이점을 탐색하며, 이를 하나 또는 그 이상의 다양한 기준(예: 모양, 크기, 색깔 등)에 따라 정리하고 조직해 보는 내용이다.

내용	유아의 경험	교과 관련 내용	교과 관련 교사 지원
	일상, 놀이, 활동에서의 예		
일상에서 모든 자료를 기준에 따라 분류한다.	친구들이 주워온 열매와 나뭇잎을 두 개의 그릇에 나눠 담으며, "빨간 열매는 이쪽, 아직 초록 열매는 이쪽에 담자. 그리고 나뭇잎은 일단 빼봐."라고 말한다. 옆에 있던 유아들은 빨간 열매와 초록 열매를 하나씩 집어 나누어 담는다. 분류가 끝나자 "이제 케이크 만들 때, 써도 되지?"라고 말하며 모래 케이크를 꾸민다.	자료수집과 정리	- 유아들은 모래로 만든 케이크를 장식하기 위해 열매와 나뭇잎을 주워왔으며, 색깔이라는 기준에 따라 분류하였고, 종류가 다른 나뭇잎 또한 별도로 분리해 놓았다. - 교사는 "색깔에 따라 분류했구나."와 같이 분류기준을 말로 설명해줄 수 있으며, 어떠한 기준으로 분류했는지 유아가 직접 말로 표현해볼 수 있게 제안할 수 있다.

(7) 도구와 기계에 대해 관심을 가진다.

유아가 일상생활에서 사용하는 다양한 도구와 기계에 관심을 가지고 직접 사용해 보면서, 도구와 기계가 우리의 생활에 어떠한 도움을 주는지에 대해 관심을 가지는 내용이다.

내용	유아의 경험	교과 관련 내용	교과 관련 교사 지원
	일상, 놀이, 활동에서의 예		
도구와 기계에 대해 관심을 가진다.	무거운 곡식 바구니를 어떻게 옮길 수 있을지에 대해 서로 이야기 나누며 한 유아가 "우리 아파트 놀이터에 있는 짚라인처럼 줄에 바구니를 달아서 연결하는 것은 어때요?"라고 제안하자 다른 유아들도 고개를 끄덕이며 유아의 생각에 동의를 표현한다.	도구와 기계	- 유아는 자신이 놀이터에서 타본 놀이기구(짚라인)를 곡식을 옮기는 방법으로 연결시켜 새로운 도구를 제안하고 있다. - 교사는 유아의 제안이 실현될 수 있도록 간단한 도구를 직접 만들어 보는 경험을 제공할 수 있다.

3) 자연과 더불어 살기 교과의 이해

유아가 주변의 동식물에 대해 관심을 가지고, 생명과 자연환경을 소중히 여기며, 날씨와 계절의 변화를 생활과 관련짓는 내용이다.

(1) 주변의 동식물에 관심을 가진다.

유아가 등·하원, 산책, 바깥 놀이터, 교실에서 접할 수 있는 동식물을 관찰하거나 직접 길러 보면서, 동식물의 특성에 관심을 가지고 탐구하는 내용이다.

내용	유아의 경험	교과 관련 내용	교과 관련 교사 지원
	일상, 놀이, 활동에서의 예		
주변의 동식물에 관심을 가진다.	한 유아가 "무당벌레 찾았어."라고 말하자 다수의 유아들이 무당벌레를 보기 위해 풀 쪽으로 이동한다. 한 유아가 "무당벌레 만져보고 싶어."라고 말하며 무당벌레를 손바닥에 올려놓자 다른 유아가 "만지지는 말고 눈으로 보자. 날아가 버릴 것 같아."라고 말한다.	동식물의 특성	- 유아들은 무당벌레에 관심을 가지게 되면서 가까이에서 보고, 만져보고 싶어하며, 날아다니는 무당벌레의 특성 또한 이해하고 있다. - 교사는 무당벌레에 대한 지식을 가르쳐주기보다 유아들이 궁금해하는 것들을 인터넷 검색, 곤충사전 등을 통해 찾아보고 무당벌레에 대한 관심을 확장시킬 수 있도록 도울 수 있다.

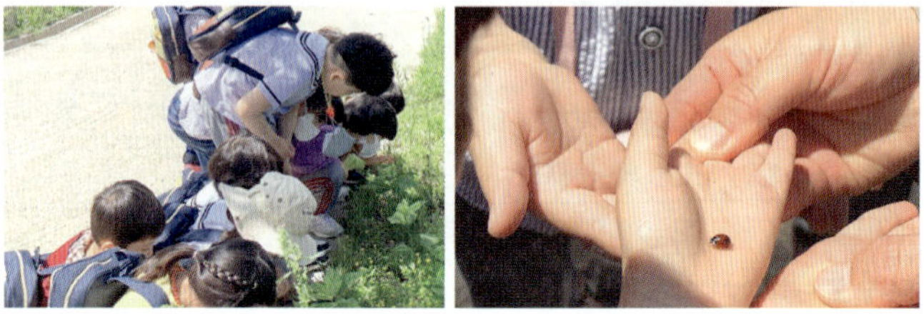

그림 9-2 ▶ 풀잎 위에 있는 무당벌레를 발견하고는 손 위에 올려본다.

(2) 생명과 자연환경을 소중히 여긴다.

유아가 동식물뿐만 아니라 동식물이 살아가기에 좋은 환경에 대해 관심을 가지고, 이들을 생명체로서 소중히 여기는 내용이다.

내용	유아의 경험	교과 관련 내용	교과 관련 교사 지원
	일상, 놀이, 활동에서의 예		
생명과 자연환경을 소중히 여긴다.	숲 산책에서 상수리나무 아래에 떨어진 도토리를 발견하고는 "얘들아, 도토리 진짜 많이 떨어져 있어."라고 소리치며 친구들을 부른다. 유아들이 열심히 도토리를 줍고 있는데, 이를 지켜보던 다른 유아가 "우리 이거 다람쥐한테 양보하면 안 될까? 우리가 다 가져가면 다람쥐가 먹을 도토리가 없어지잖아."라고 말한다.	생명체와 자연환경	- 유아는 도토리에 대한 관심을 보이며 줍고 있지만, 다람쥐의 입장에서 생각해봄으로써 도토리 줍기를 멈추자고 제안하고 있다. - 교사는 다람쥐의 관점이 잘 표현된 그림책을 읽어주거나 다람쥐가 되어 먹을 것이 없어진 상황을 극놀이로 표현해는 등의 활동을 통해 생명과 자연환경을 소중히 여기는 태도를 가질 수 있도록 지원할 수 있다.

(3) 날씨와 계절의 변화를 생활과 관련짓는다.

유아가 낮과 밤, 날씨, 계절의 변화를 느끼고, 자연의 변화가 자신의 옷차림, 놀이 등 일상생활에 영향을 준다는 것을 이해하고 적절하게 대처하는 내용이다.

내용	유아의 경험	교과 관련 내용	교과 관련 교사 지원
	일상, 놀이, 활동에서의 예		
날씨와 계절의 변화를 생활과 관련짓는다.	호주머니 속에 들어 있던 손난로를 꺼내 친구에게 보여주며 "이거 진짜 따뜻하지?"라고 말한다. "우와, 따뜻하다. 손 시려울 때 있으면 좋겠다.", "응, 엄마가 이제 겨울이라고 챙겨주셨어. 유치원 버스 기다릴 때, 너무 춥잖아."라고 말하며 손난로를 호주머니 속에 집어넣는다.	자연현상	- 겨울이 되어 변화된 기온에 대해 이해하고 있으며, 추위를 견디기 위한 물건을 활용하여 몸을 보호하고 있다. - 교사는 기온 이외에도 계절에 따른 기후의 변화와 자연의 변화에 관심을 가질 수 있도록 바깥에서 실제로 경험한 것을 자유롭게 이야기 나누는 기회를 제공한다.

2. 자연탐구 영역 교과교육의 통합적 접근

〈안전사고에서 뼈 놀이까지〉는 자연탐구 영역 교과교육의 통합적 접근 놀이 사례이다. ① 유희실에서 일어난 친구의 안전사고가 ② 물질의 상태 변화와 뼈의 수세기와 모양 관련 놀이로 이어지는 일상을 담고 있다. 이때 교사는 유아들이 정확한 수세기를 하는 것보다 자신이 파악한 수량의 근거를 이야기하는 것에 중점을 두었고, 실제 신체의 모양과 엑스레이에서의 뼈 모양이 다른 것에 착안하여 '보이지 않는 뼈' 모양을 상상하는 것으로 이어질 수 있도록 놀이를 지원하였다. 이것은 교사가 유아들에게 과학적-수학적 탐구 과정 자체를 즐기는 것에 초점을 둔 것으로 보인다. ③ 수세기에 대한 정확성을 강조하여 자칫 강압적 학습이 되는 사태를 막기 위하여 친구들과 함께 수를 세어보는 과정을 즐길 수 있도록 지원하였다.

본 놀이 사례의 특징은 '놀이에서 배움의 내용'과 '교과에 대한 고민'을 통한 '교사의 지원'이 교사의 놀이계획뿐만 아니라 다방면으로 확장되고 있음을 볼 수 있다. ③ 놀이 공간의 변경, ④ 부모 면담 자료로의 활용, ⑤ 재료 정리 활동을 통한 분류 놀이, ⑥ 안전한 공간을 위한 놀이 공간 재구성 등이다. 또한 ①~②~③~④~⑤~⑥~⑦로 이어지는 놀이의 과정 속에는 교사가 유아들에게서 교과교육의 순간을 포착했음에도, 그것을 교과중심적인 학습에 중점을 두기보다 유아들이 탐구 과정을 즐길 수 있도록 놀이를 지원한 것에 큰 의미가 있다. 따라서 본 놀이 사례를 토대로 교사가 포착한 교육적 순간이 어느 수준에 머물러야 유아의 놀이가 지속될 수 있는지를 함께 파악해 보는 것을 권한다.

자연탐구 영역과 교과교육의 통합적 사례 : 안전사고에서 뼈 놀이까지

❶ 놀이에서 배움의 내용	교사의 교과에 대한 고민	교사의 지원
규민이가 오전 유희실 놀이 중 공을 차던 친구의 발에 손가락이 부딪히는 안전사고가 발생했다. 급히 원장님과 함께 병원에 다녀온 규민이 손은 붕대로 감겨 있었으며, 친구들은 규민이 안부를 물었다. 석고붕대가 뜨겁다가 딱딱하게 굳어지면서 지금은 차가워진 일 등에 관하여 이야기를 하였고, 친구들은 규민이 말을 귀담아들었고, 규민이는 친구들의 이야기에 답하며 자신의 석고붕대를 친구들이 기꺼이 만져볼 수 있도록 내어 주었다. 유아들은 "말랑말랑했는데 지금은 딱딱해? 지금도 뜨거워? 만져봐도 돼?"	오후 자유놀이시간에 교사가 사전에 계획했던 활동을 미루고, 규민이의 병원 이야기를 시작으로 유아들이 병원을 다녀온 경험에 대하여 함께 '이야기 나누는 시간'으로 변경하였다. 교사는 유아들이 '석고붕대의 상태 변화'와 '엑스레이의 뼈 모양'에 관심을 가지는 것과 관련하여 그 관심을 지원하고 확장하는 것에 대하여 고민하기 시작했다. 유아들이 '석고붕대 자체'에 관심이 있는 것인지, 규민이가 이야기한 석고붕대의 '물질의 상태가 변화'하는 것에 관심이 있는 것인지 시간을 가지고 지켜볼 필요가 있었다. 교사는 유아들이 궁금한 것을 탐구하는 과정에 즐겁게 참여할 수 있도록 하기 위하여 교시기 사전에 먼저 무언가를 제공하기보다도 유아들의 이야기를 경청하며 조금 더 지켜보기로 하였다.	유아들이 궁극적으로 흥미를 가지는 것은 석고붕대 자체의 원리라기보다도, 말랑했던 것이 딱딱하게 변하는 물질의 특성 변화였다. 이에 교사는 지금 현재 교실에서 물질의 변화를 유아들이 체험할 수 있도록 점토에 조금 따뜻한 물을 섞어 변화를 관찰하는 놀이계획을 세웠다. 물질의 특성과 변화를 여러 가지 방법과 재료로 탐색할 수 있도록 물질의 상태가 변화하는 것을 유아들과 일상에서 놀이를 통해 찾기 위해 노력했다.

❷

놀이에서 배움의 내용

"내 손가락이 핼러윈데이야! 내 손가락 뼈 진짜 많다!" 엑스레이로 본 규민이의 손가락 뼈가 많다는 이야기에 철민이도 자신이 치과에서 찍은 치아사진 엑스레이를 떠올리며 "나도 치과에서 엑스레이 찍었는데, 내 이빨이 티라노사우르스다!"라고 표현하였다. 엑스레이 속에 많은 뼈들이 있었다는 이야기를 들은 정희는 "선생님 그때 우리 몸 뼈 많이 있는 사진 어디 있어요?"라며 지난번에 교사와 함께 과학책에서 살펴보았던 엑스레이 사진을 요청했다. 교사가 찾아준 책을 보던 정희는 "손가락이 고깔콘 모양이네요" 하며 엑스레이 사진의 다양한 뼈 모양에 대해서 말하였다.

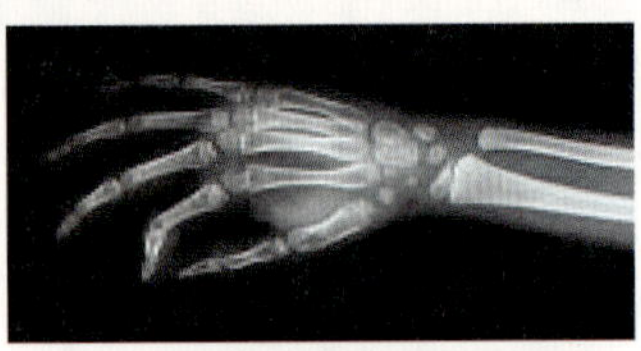

손 엑스레이

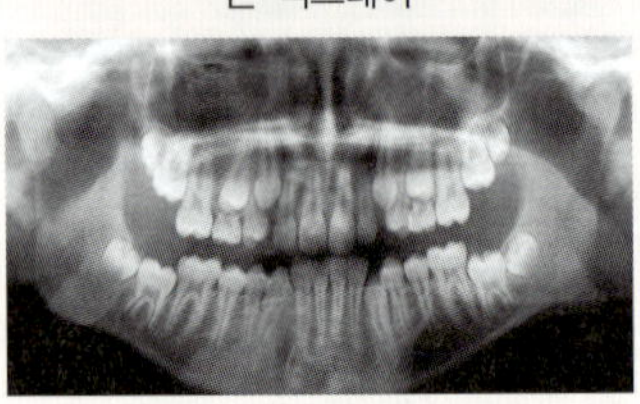

유치영구치 파노라마 사진

교사의 교과에 대한 고민

교사는 유아들이 엑스레이에 나타난 뼈를 '핼러윈데이', '티라노사우르스'라고 표현한 것에 대한 의미를 고민하였다. 뼈가 많다는 의미와 '실제 손의 모양-엑스레이 뼈 모양'의 차이를 발견한 것으로 보였다. 따라서 교사는 뼈의 개수 세기라는 물체의 수량을 알아보는 것과 더불어, 뼈의 위치와 방향 및 모양을 알고 구별할 수 있도록 동물, 식물 등 다양한 엑스레이 사진을 제공했다. 다양한 엑스레이 사진을 함께 살펴보며 뼈의 수, 위치, 방향, 모양, 길이 등에 대하여 유아들이 느끼고 생각한 부분을 자유롭게 이야기할 수 있는 시간을 가졌다.

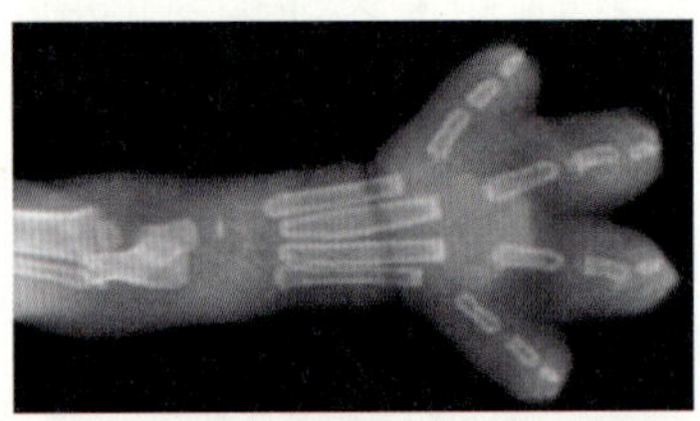

고양이발 엑스레이

식물 엑스레이

교사의 지원

유아들이 개별적으로 선호하는 엑스레이 사진을 더욱 지속적으로 호기심을 가지고 탐색할 수 있도록 하기 위하여 OHP 필름과 네임팬을 제공하여 따라 그리며 호기심이 지속될 수 있도록 지원하였다. 유아들은 점차 엑스레이 속 뼈의 모양에 관심을 가지기 시작하였으며, 유아들은 자신의 신체의 뼈를 상상하여 그리는 다양한 뼈 그리기 놀이로 자연스럽게 이어졌다. 유아들은 자기가 생각한 뼈, 키가 큰 사람의 뼈, 뱀의 뼈, 개미의 뼈 등 외형적인 신체의 구조와는 다른 '보이지 않는 뼈'를 상상해서 그리는 것을 즐겼다. 많은 뼈의 수, 뼈의 모양에 이어 뼈를 상상해서 그리는 것으로 유아들의 놀이가 시간과 더불어 지속되며 그 관심이 변경되는 속에서 유아들은 수세기, 위치와 방향, 모양, 길이, 반복되는 뼈의 패턴 등을 놀이를 통해 경험해 가고 있었다.

③

놀이에서 배움의 내용	교사의 교과에 대한 고민	교사의 지원
유아들은 종이벽돌 블록, 유니트 블록, 할로우 블록 등을 이용해 우리 반에서 가장 큰 사람 뼈를 구성했다. 종이벽돌 블록을 사용해 신체의 위치와 방향, 모양을 고민하며 구성해 나갔다. 아이들은 함께 놀이를 하며 "갈비뼈는 몇 개 할 거야?", "다리뼈는 2개 할까?"라며 자신이 생각하는 뼈의 개수에 대하여 이야기를 나누었다. 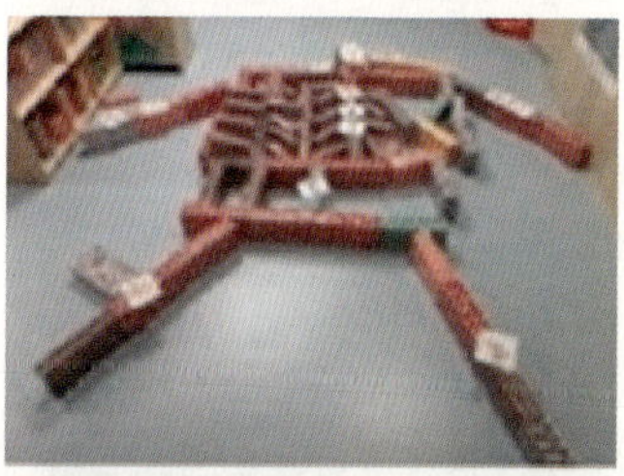 	유아들은 종이벽돌 블록을 옮기며 친구들과 함께 블록의 개수를 몇 개로 해서 사람을 구성할 것인지 이야기를 나누었다. 부분적인 블록의 개수만을 생각하는 유아들이 모든 블록의 개수를 세어 보며 부분의 합과 전체와 관련된 경험을 제공하는 것이 필요해 보였다. 교사는 유아들이 실제 사람 뼈의 개수를 정확하게 아는 것보다도 유아들이 직접 구성한 블록의 구체물을 세고 수량을 알아보는 과정에 지속적으로 호기심을 가지고 즐겁게 참여하는 것을 더욱 중점적으로 고려하였다. 부분적인 수세기 과정에서는 유아들 간 이견이 없었으나 10이 넘어가자 수량을 세는 데 어려움이 있었다. 탐구과정에서 수세기가 비교적 정확하지 않더라도, 서로 다른 생각에 관심을 가지고 왜 해당 수라고 생각했는지 자신이 알게 된 사실의 근거를 스스로 이야기해 볼 수 있도록 교사가 질문하였다. "우리 반 거인은 뼈가 정말 많구나. 거인 뼈는 모두 몇 개나 될까?" "수진이는 팔과 다리뼈 블록이 모두 아홉 개라고 생각했구나. 어떻게 아홉 개라고 세었는지 친구들에게 설명해줄래?"	신체의 뼈와 관련된 놀이가 지속되면서 유아들은 다양한 블록을 바닥에 놓으며, 평소보다 더 많은 공간을 필요로 하였다. 유아들과 함께 어떤 영역의 교구장을 복도로 뺄 것인지 의논하는 시간을 가졌다. 유아들은 과학영역 벽면의 그래프에 지금 우리 교실에서 없어도 된다고 생각하는 교구나 교구장을 그림으로 표시하며 자료 수집을 하였다. 교사는 유아들이 모은 자료를 토대로 분석하여 가장 많은 의견이 나온 역할영역의 싱크대 교구를 잠시 바깥으로 빼내자는 의견으로 수렴할 수 있었다.

4

놀이에서 배움의 내용	교사의 교과에 대한 고민	교사의 지원
민준이는 몇 번씩 동그라미를 그리고 지우다가 종이를 찢어 버렸다. 교사가 민준이의 마음을 들어보기 위하여 민준이의 곁으로 다가가자 "동그라미가 동그랗게 안 돼요." 하며 눈물을 흘렸다. 평소에 연필을 쥐고 무엇을 끼적이거나 그림을 그리는 것을 즐기지 않던 민준이가 자신이 상상한 뼈를 그리기 위해 여러 차례 실패하면서도 계속 그리기를 시도하고 있었다.	민준이는 그림을 그리거나 글씨를 쓰는 것을 꺼리며, 지속하는 시간도 짧아 자신이 원하는 모양을 그려내는 일을 힘들어 하였다. 민준이가 그리기에 흥미를 보이는 순간이 많지 않기 때문에 민준이의 흥미가 지속되어 민준이가 스스로 성취감을 느끼며 흥미가 지속될 수 있는 것이 필요했다. 민준이가 일상생활이나 놀이 속에서 자신이 원하는 모양을 알고 구별하여 도형자와 모양자에서 찾아 손쉽게 그려볼 수 있도록 수과학 영역에 다양한 모양자를 제시하였다. 다양한 크기와 형태의 모양에 관심을 가지고 그리기 놀이를 하면서 포개어지는 도형의 패턴을 관찰하며 또 다르게 생성되는 모양을 구별할 수 있었다. 이렇게 반복되는 규칙에 "동그라미들 기차", "세모뿔 파티" 등 패턴의 이름을 붙이며 도형자와 모양자를 이용한 놀이가 지속되었다.  도형자  다양한 모양자	민준이 부모님은 민준이가 평소에 그림을 그리거나 글씨를 쓰는 것을 싫어하며 지속시간이 짧은 것을 염려하고 계셨다. 교사는 학기초 면담 때 민준이가 그림을 그리거나 글을 쓰려고 하는 흥미의 순간을 잘 포착하여 그 흥미가 지속될 수 있도록 지원을 해 주는 것이 좋은 방안이라고 안내를 드렸다. 민준이는 뼈 그리기에 관심을 가지면서 교사가 제시한 도형자와 모양자를 이용하여 자신이 힘들어 하는 선긋기와 모양 그리기를 성공적으로 해내는 경험을 할 수 있게 되었다. 그로 인해 그리기 도구를 이용하여 그림을 그리거나 글씨를 쓰는 시간이 길어졌고, 이러한 소근육발달과 더불어 민준이의 성취감과 자존감도 올라가고 있음을 부모님께 안내 드렸다. 민준이가 좋아하는 도형자와 모양자를 가정에서도 제공하여 기관과 가정이 연계하여 활동한다면 민준이의 소근육 향상에 더욱 도움이 될 것임을 면담시간에 전달하였다.

⑤

놀이에서 배움의 내용

설이는 "선생님 그거 뼈 같은 것 부서지는 수수깡, 안 부서진 것 주세요."라며, 부서지지 않은 긴 수수깡을 교사에게 요청하였다. 교사는 설이가 이야기하는 "뼈 같은 것"을 표현할 수 있는 수수깡, 색빨대, 산가지를 교사실에서 가지고 왔다. 교사가 "설이야, 그런데 이 많은 재료를 어떻게 정리해서 넣지?"라고 묻자, 설이는 "색깔끼리 모아요." 하고 자기 생각을 말했다. 주호는 "그러면 애들이 자기가 좋아하는 색깔만 한 번에 다 들고 가잖아! 선생님 색깔 말고 그냥 색빨대끼리, 수수깡끼리 따로 담아요."라고 말했다. "선생님이 새로운 재료를 주면 혼자 많이 쓰는 친구들이 있어서 나는 하나도 못 쓴 적도 있어요. 우리 개수 약속도 정해야 해요." 하였다. 뼈를 표현하기 위해 새롭게 추가된 자료의 정리 방법과 보관 위치, 친구들과 사이좋게 나누어 쓸 수 있기 위해 한 번에 사용할 수 있는 재료의 개수에 대하여 자기 생각을 이야기하며 다양한 방법을 시도하였다.

교사의 교과에 대한 고민

뼈 놀이를 지속하기 위하여 아이들이 원하는 재료를 가지고 왔으나, 일상에서 함께 모은 자료를 어떤 기준에 따라 분류할 것인지에 대하여 아이들의 의견이 달랐다. 그래서 교사는 재료의 색깔, 길이, 재료의 종류 등으로 분류하는 법 등 아이들이 스스로 제안한 방법으로 마음껏 분류하고 범주화지어 보면서 예측하고 실험해 볼 수 있는 시간을 가졌다. 그 과정을 통해 유아들은 자연스럽게 재료의 길이와 질감 등을 비교하며, 길이에 따라 순서 짓기, 바구니에 최대한 담을 수 있는 양에 대해서 예측하고 실험해 나갔다. 또한 유아들은 함께 이야기를 나누며 의논한 내용을 바탕으로 색빨대, 수수깡, 산가지 등의 재료를 놓아둘 위치와 방향도 고민하였다. 앞, 뒤, 옆, 아래 등의 교구장 내 바구니의 위치와 방향과 관련된 표현을 유아들이 할 수 있도록 교사는 유아들에게 재료를 놓는 위치에 대하여 질문하여 함께 고민하였다.

색빨대

수수깡

산가지

교사의 지원

색빨대, 수수깡, 산가지의 정리를 위하여 분류기준을 다양하게 마련하기 위한 정리 정돈의 일상생활이 아이들에게 측정 놀이로 바뀌고 있음을 교사는 포착하였다. '뼈 만들기'라는 목적을 위한 도구로 가지고 오게 된 재료들이 어느 순간 아이들의 놀이를 변형시키고 있었다. 모든 친구들이 수수깡을 똑같이 나누어 가지기 위하여 친구들의 이름표를 가지고 와서 수수깡을 일대일로 대응시키면서 나누는 작업을 하는가 하면, 색빨대, 수수깡, 산가지를 일부 섞어두고, 그릇에 같은 양으로 담아가자고 제안하면서 양팔저울을 활용하기도 하였다. 자신이 생각한 분류 기준을 정해서 실험해 보는 놀이가 진지하게 깊어지는 것을 포착한 교사는 미술영역의 뼈 구성하기 재료로 놓아두려고 했던 재료들의 일부를 과학영역의 교구장으로 옮겨서 아이들이 비커, 양팔저울 등을 이용하여 부피와 무게 등을 비교하고 자신만의 가설을 세우고 측정해 보는 놀이를 할 수 있는 공간을 마련해 주었다.

6

놀이에서 배움의 내용	교사의 교과에 대한 고민	교사의 지원
"유희실에서 친구의 발차기에 손이 부딪힌 이유는 무엇일까?"라고 교사는 유아들에게 질문했다. 주호는 "축구 탱탱볼은 발로 차고 싶은데, 친구들이 옆에 오면 다칠까봐 차기 힘들어요. 너무 좁아요."라고 이야기했다. 설이는 "발로 공차기할 때 나도 부딪힌 적 있어요." 하며 자신의 경험을 들려 주었다. 발로 공차기 하는 곳에 위험표시를 하고 영역을 테이프로 표시해 주기로 하였다.	유희실에서 공을 발로 찰 때 친구들과 부딪히지 않기 위해서 공차기 공간을 아이들과 함께 구성해 보았다. "공차기하는 친구들 발에 부딪히지 않으려면 공간이 얼만큼 넓어야 할까?"라는 교사의 질문에 유아들은 자신의 다리 길이에 대하여 관심을 가지고 이야기를 지속했다. 친구와 함께 바닥에 앉아서 다리를 쭉 펴고 다리 길이를 비교하기, 다리와 비슷한 길이의 종이벽돌 블록 수세기 등으로 이어졌다. 공차기 공간의 경계를 마스킹테이프로 바닥에 붙일 때 테이프의 길이가 얼마나 필요할 것인지를 예측하여 신체 사이즈로 가늠하여 잘라서 직접 붙여보았다. 유아들은 처음에는 자신의 키만큼 마스킹테이프를 자를 것이라는 가설을 세웠지만, 테이프를 직접 뜯고 이동시키는 과정에서 테이프가 엉켜 붙는다는 것을 알아내어 우리가 함께 공간을 구성할 전체 영역의 구역을 나누어 테이프를 조금씩 붙여나가는 방법을 선택하며 부분과 전체의 관계에 대하여 경험해 나갔다. 또한 마스킹테이프의 길이에 따라서 도구를 이용하여 가위로 자르는 방법, 손가락 끝으로 힘을 주어 자르는 방법 등 상황에 적합한 도구 사용법을 스스로 알아나가고 있었다.	안전하고 즐거운 놀이의 지속을 위해서 유희실의 공차기 영역을 마스킹테이프로 표시하는 활동이 교사에 의해 제시되었다. 적당한 공간을 신체로 예측하고 그것에 필요한 테이프의 길이를 가늠하여 가설을 세워보고 직접 필요한 만큼의 마스킹테이프를 붙여보는 활동은 안전과 관련한 규칙과 공간 설정에 유아들이 직접 참여함으로써 지금까지 정해져 있던 규칙이 어떤 부분에서 놀이와 안전에 적합하지 않았는지에 대하여 의견을 내고, 자신들의 놀이 공간을 직접 구성해 볼 수 있는 기회가 되었다.

활동해 보아요

♣ 놀이 속 교과지식 찾아보기

[교사의 놀이기록]

바깥 놀이터에 나온 효원이가 화단에서 어떤 구멍을 발견했다고 나를 부른다. "선생님, 이거 보세요. 여기 구멍이 있어요." 효원이의 말을 듣고 아이가 무엇에 관심이 생겼는지 궁금해서 어떻게 발견했는지 물었더니, "그거 알아요? 여기에 개미가 왔다 갔다 하고 있어요. 이 안에 개미가 살고 있을 걸요."라고 하였다. 이 이야기를 옆에서 들었던 다른 아이들도 개미 구멍에 관심을 갖게 되었고, 실제로 구멍을 관찰한지 얼마 되지 않아 개미가 구멍 안으로 들어가는 것을 보게 되었다. 그렇게 한참을 둘러 앉아 우리는 개미를 살펴보았다.

- 위 놀이 사례를 읽고 떠오르는 교과 관련 내용을 찾아보세요.
- 자연탐구의 내용과 연계하여 유아를 지원할 수 있는 놀이나 활동 계획을 세워보세요.

에 · 필 · 로 · 그

본 교재를 마무리하면서 집필진들은 새 교재내용에 대한 기대감도 컸지만 막상 유아교과교육 관련 중요한 논지를 충분히 서술하지 못한 아쉬움이 컸다. 본 교재의 내용에 새로운 해석이 많아서 자칫 예비유아교사들에게 너무 많은 이야기를 하는 게 부담스럽다는 조심스러움도 있었지만, 유아교과교육이 가지는 고유성과 중요성에 비추어 충분한 내용을 좀 더 담을 수 있는 에필로그를 쓰자는 데 모두 뜻을 모았다. 에필로그는 쓰여지거나 말하여진 본문을 마무리하고 덧붙여지는 이야기이다. 따라서 본 에필로그는 본 교재에서 유아교과와 관련된 덧붙이는 이야기로 이해할 수 있다.

유아교과교육과 관련하여 가장 핵심적인 논의는 여전히 유아교과가 무엇이냐 라는 것이다. 그러나 이러한 논의에 앞서 우리가 먼저 고민할 것은 교육내용에 관한 것이어야 할 것이다. 교과는 사실 학교에서 무엇을 가르칠 것인가, 즉 교육내용을 지칭하는 상징적 표현이기 때문이다. 무엇을 가르칠 것인가에서 '무엇'이 곧 '교과지식'이라고 단언을 하기 전에 우리는 먼저 '가치 있는 지식' 즉 가치 있는 교육내용에 대해 더 고민이 필요하다. 교과는 이미 학교에서 가르칠 교육내용을 제시한 것이라서 교육내용을 표현하는 대표적 상징적 언표라고 볼 수 있다. 따라서 가치 있는 교육내용을 선정하는 방식은 교과 이외에도 다양한 방식이 있을 수 있다는 점을 더 고민해 보아야 할 것이다. 여기서는 교과를 바라보는 두 가지 관점을 설명해 보고자 한다.

첫 번째는 학교교육에서 '교과'를 여전히 고정된 의미의 언어, 수학, 사회와 같은 과목으로 이해하는 것이다. 이 경우 유아교육과정에서 5개 영역은 이렇게 고정된 의미의 국어나 수학과 같은 교과와 부분적으로 연관되어 있다고 볼 수 있다. 예를 들면 누리과정 의사소통 영역은 국어교과의 지식과 연계되어 있고, 사회관계는 사회교과, 자연탐구는 수학교과, 과학교과의 지식과 연계되어 있다고 이해하는 경우이다. 이러한 방식은 5개 영역에서 교과지식을 찾아서 유아교과교육으로 연계하여 이해하고 가르치는 방식을 택한다. 현재 국가수준 유아교육과정으로서 누리과정이 이에 해당된다.

이러한 방식과 다른 두 번째 관점은 학교에서 교과는 고정된 의미의 '국영수' 과목만이 아니라고 이해하는 경우이다. 즉 학교는 항상 뭔가 의미 있고 배울 만한 가치 있는 교육내용을 새롭게 선정할 수 있고, 교육내용은 시대에 따라 변해 가야 한다고 보는 관점이다. 이러한 관점을 이해하기 위해서는 최근에 강조하고 있는 '역량중심 교육과정'을 주목해 볼 필요가 있다. 역량중심 교육과정은 분명히 현재 고정된 의미의 교과중심 학교 교육과정의 한계를 지적하고 새롭게 교육과정을 재정의한 새로운 교과교육의 해석으로 볼 수 있다. 역량중심 교육과정은 미래형 교육과정을 고정된 교과 지식보다는 학습자의 역량을 새로운 교육내용으로 주목하고 있는 것이다. 즉 역량중심 교육과정은 '역량'이라는 학습자의 경험과 실행적 능력을 가치 있고 의미 있는 교육내용으로 제안하고 창의성, 더불어 살기 등 행위적이고 실천적인 교육내용도 더 필요하다는 점을 강조하고 있다. 이는 교과란 고정된 것이 아니라 유동적이고 변화하는 성질을 가지고 있다는 점을 드러내 준다. 지금처럼 급변하는 사회에서 미래교육을 그려볼 때 교육내용은 더 변화에 민감하고 새로운 미래사회 가치를 더 반영하는 내용으로 재조직되어야 한다는 점은 주목해야 할 논지이다. 이는 지금까지 고정된 의미의 교과교육을 보다 새롭게 생각해 보는 계기가 되고 있다. 사실 고대사회부터 인간이 다음 세대를 이어가기 위하여 지식을 전수하는 방식은 고정된 교과교육은 아니었음을 환기해 볼 때 두 번째 관점은 유아교과교육에 던지는 시사점이 크다고 볼 수 있다. 이러한 관점으로 유아교과교육을 새롭게 바라볼 수 있을 것이다.

본 교재는 유아교과를 바라보는 첫 번째 방식에 근거하여 집필되었다. 그러나 한편으로 유아교과교육은 두 번째 방식으로 새롭게 이해할 필요가 있다고 본다. 유아교육에서 교육내용이 고정되고 영원한 것이 아니라면 5개 영역도 새롭게 변화하고 바뀌어 갈 수 있다는 것이다. 교육내용으로서 교과는 영원하거나 고착된, 이미 정해진 것이 아니라 오랜 기간 사회적 합의를 통해 꾸준히 만들어진 산물이다. 교과는 고정된 언표가 아니라 교육내용을 표현하는 상징적 표현이 고착화된 것이라고 볼 때, 교육내용을 표현하거나 구성하는 언어적 표현은 교과가 아닌 다른 것도 있을 수 있다고 보는 것이다. 유아교육에서 교과교육을 새롭게 이해하기 위하여 우리는 다른 나라의 유아교육과정도 살펴볼 필요가 있다. 예를 들면 뉴질랜드와 호주, 핀란드의 유아교육과정의 교육내용을 보면 '소속'과 '안녕', '관계'와 '창의'라는 표현을 더 많이 쓰고 있다. 이는 우리나라 유아교육과정의 5개 영역과도 다른 표현이며, 고정된 의미의 수학이나 사회와 같은 교과의 표현도 아니다. 또한 국제적으로 널리 알려진 학교들의 교육과정을 보면 고정된 의미의 교과와 다른 표현의 교육내용을 실천하는 예도 많다. 발도르프 학교는 오랫동안 '오이리트미'와 '노작'과 같은 독창적 교육내용을 교육과정의 내용으로 선정하여 가르치고 있기도 하다. 우리에게 잘 알려진 레지오 에밀리아 유아학교를 보면 교육내용은 늘 발현적으로 새롭게 변용되어 만들어지고 있음을 알 수 있다. 한편 우리나라에서도 교과교육의 한계와 어려움을 느끼는 교사들은 이미 오래전부터 학습자 중심의 교육과정으로서 '통합교육과정'을 논의해 왔다. 통합교육과정은 교과를 가르치는 것이 아니라 융합적 방식으로 학습자의 경험을 따라 학습의 내용을 조직하는 방식이다. 통합교육과정을 고민하는 많은 교사들이 선택하는 방식인 주제중심 통합교육과정은 교과의 의미를 새롭게 생각해 보는 좋은 단초가 된다. 주제를 중심으로 학습자의 경험을 조직하여 흘러가는 과정에서 마치 주제가 교육의 내용처럼 전개되기 때문에 교과와 주제가 통합되어 만들어진다. 이때 교과는 오히려 부차적이 될 수도 있다. 이러한 점은 유아교육현장에서 매우 오랫동안 실천해온 생활주제에 대한 고민과도 연결된다. 생활주제는 유아가 경험하는 실제에 기반하여 유아교육현장에서 자연스럽게 발현된 교육내용이라는 점도 유아교과교육과 관련하여 고민이 필요한 부분이라고 본다.

이러한 다양한 관점에서 교과교육을 생각해 볼 때 유아교육의 교과와 누리과정에서 5개 영역도 새롭게 다시 생각해 볼 수 있을 것이다. 2019 개정 누리과정은 교육내용으로서 5개 영역을 '유아가 경험해야 할 내용'으로 제안하고 있다. 이는 유아교육과정에서 교육내용을 발달과 교과로 이해하던 방식에서 새롭게 교육내용을 이해하고 조직하는 방식임이 분명하다. 유아의 경험으로 교육내용을 이해한다면 우리는 5개 영역으로 조직된 교육내용에 대해서도 질문을 던질 수 있다. 유아의 경험은 꼭 5개 영역의 범위에서 발생하는가? 유아들은 5개 영역의 59개 내용만을 배우는가? 5개 영역 이외에 유아의 경험은 어떠한가? 등이다. 경험의 관점에서 유아교과를 다시 들여다본다면 우리는 유아들의 경험의 근원에 대해서도 고민을 할 필요가 있다. 영유아기의 어린이는 의사소통이나 사회, 예술이나 자연탐구 등으로 나누어 세계를 경험하지 않기 때문이다. 유아들은 더 근원적으로 자신의 신체 감각작용을 통해 경험하고 자연과 인간사회를 나누지 않고 통합적으로 경험한다. 그리고 무엇인가를 끼적거리거나 만들거나 표현하는 것을 즐기며 경험한다. 고정된 의미의 교과지식이나 5개 영역의 구분도 유아의 근원적 경험을 반영하기에는 충분하지 않거나 어른들이 만든 너무 구조적인 언표일 수 있다는 의견도 있다. 유아들은 훨씬 더 감각적으로 느끼며 경험한다. 교과 이전에 친근한 사람들, 관계와 소속, 사랑과 행복, 감수성과 민감한 신체, 언어 이전의 소리와 듣기, 어른들이 이름을 붙이기 이전의 수많은 사물들과 물질들은 유아가 살아가는 경험의 세계들이다. 이러한 유아들의 경험의 근원을 생각해 본다면 우리는 영유아기의 어린이들이 너무 빨리 의사소통이나 언어나 수학, 사회나 예술의 기호를 배우도록 조직해 놓은 것은 아닐지 뒤돌아볼 필요도 있을 것이다. 좋은 학교라 불리며 더 많이 학습자에 대한 고민을 하는 학교들은 새로운 교육내용을 고민한다. 교육의 방법을 고민하기도 하지만 교육의 내용을 고민하는 것은 더 어렵고 근원적 고민이 될 수 있다. 본 책을 마무리하면서 유아교과를 유아의 경험의 내용과 연계하여 방법적인 것이 아닌 지식이나 배움의 근원으로서 교육내용을 다시 한번 생각해 보는 것을 제안한다. 교육내용을 통해 인간이 만들어진다는 것을 생각해 보면 학교에서 교육내용은 더 신중할 필요가 있다.

2023년 3월

유아교과교육을 마무리하면서 저자들이 고민한 내용

부 록

- 2019 개정 누리과정

누리과정의 성격

누리과정은 3~5세 유아를 위한 국가 수준의 공통 교육과정이다.

가. 국가 수준의 공통성과 지역, 기관 및 개인 수준의 다양성을 동시에 추구한다.
나. 유아의 전인적 발달과 행복을 추구한다.
다. 유아 중심과 놀이 중심을 추구한다.
라. 유아의 자율성과 창의성 신장을 추구한다.
마. 유아, 교사, 원장(감), 학부모 및 지역사회가 함께 실현해가는 것을 추구한다.

제1장 총론

Ⅰ. 누리과정의 구성방향

1. 추구하는 인간상

가. 건강한 사람
나. 자주적인 사람
다. 창의적인 사람
라. 감성이 풍부한 사람
마. 더불어 사는 사람

2. 목적과 목표

누리과정의 목적은 유아가 놀이를 통해 심신의 건강과 조화로운 발달을 이루고 바른 인성과 민주 시민의 기초를 형성하는 데에 있다.

이를 실현하기 위한 목표는 다음과 같다.

가. 자신의 소중함을 알고, 건강하고 안전한 생활 습관을 기른다.

나. 자신의 일을 스스로 해결하는 기초능력을 기른다.

다. 호기심과 탐구심을 가지고 상상력과 창의력을 기른다.

라. 일상에서 아름다움을 느끼고 문화적 감수성을 기른다.

마. 사람과 자연을 존중하고 배려하며 소통하는 태도를 기른다.

3. 구성의 중점

누리과정 구성의 중점은 다음과 같다.

가. 3~5세 모든 유아에게 적용할 수 있도록 구성한다.

나. 추구하는 인간상 구현을 위한 지식, 기능, 태도 및 가치를 반영하여 구성한다.

다. 신체운동·건강, 의사소통, 사회관계, 예술경험, 자연탐구의 5개 영역을 중심으로 구성한다.

라. 3~5세 유아가 경험해야 할 내용으로 구성한다.

마. 0~2세 보육과정 및 초등학교 교육과정과의 연계성을 고려하여 구성한다.

II. 누리과정의 운영

1. 편성·운영

다음의 사항에 따라 누리과정을 편성·운영한다.

가. 1일 4~5시간을 기준으로 편성한다.

나. 일과 운영에 따라 확장하여 편성할 수 있다.

다. 누리과정을 바탕으로 각 기관의 실정에 적합한 계획을 수립하여 운영한다.

라. 하루 일과에서 바깥 놀이를 포함하여 유아의 놀이가 충분히 이루어지도록 편성하여 운영한다.

마. 성, 신체적 특성, 장애, 종교, 가족 및 문화적 배경 등으로 인한 차별이 없도록 편성하여 운영한다.

바. 유아의 발달과 장애 정도에 따라 조정하여 운영한다.

사. 가정과 지역사회와의 협력과 참여에 기반하여 운영한다.

아. 교사 연수를 통해 누리과정의 운영이 개선되도록 한다.

2. 교수·학습

교사는 다음 사항에 따라 유아를 지원한다.

가. 유아가 흥미와 관심에 따라 놀이에 자유롭게 참여하고 즐기도록 한다.

나. 유아가 놀이를 통해 배우도록 한다.

다. 유아가 다양한 놀이와 활동을 경험할 수 있도록 실내외 환경을 구성한다.

라. 유아와 유아, 유아와 교사, 유아와 환경 간에 능동적인 상호작용이 이루어지도록 한다.

마. 5개 영역의 내용이 통합적으로 유아의 경험과 연계되도록 한다.

바. 개별 유아의 요구에 따라 휴식과 일상생활이 원활히 이루어지도록 한다.

사. 유아의 연령, 발달, 장애, 배경 등을 고려하여 개별 특성에 적합한 방식으로 배우도록 한다.

3. 평가

평가는 다음 사항에 중점을 두고 실시한다.

가. 누리과정 운영의 질을 진단하고 개선하기 위해 평가를 계획하고 실시한다.

나. 유아의 특성 및 변화 정도와 누리과정의 운영을 평가한다.

다. 평가의 목적에 따라 적합한 방법을 사용하여 평가한다.

라. 평가의 결과는 유아에 대한 이해와 누리과정 운영 개선을 위한 자료로 활용할 수 있다.

제2장 영역별 목표 및 내용

I. 신체운동·건강

1. 목표

실내외에서 신체활동을 즐기고, 건강하고 안전한 생활을 한다.

1) 신체활동에 즐겁게 참여한다.
2) 건강한 생활습관을 기른다.
3) 안전한 생활습관을 기른다.

2. 내용

내용범주	내용
신체활동 즐기기	신체를 인식하고 움직인다.
	신체 움직임을 조절한다.
	기초적인 이동운동, 제자리 운동, 도구를 이용한 운동을 한다.
	실내외 신체활동에 자발적으로 참여한다.
건강하게 생활하기	자신의 몸과 주변을 깨끗이 한다.
	몸에 좋은 음식에 관심을 가지고 바른 태도로 즐겁게 먹는다.
	하루 일과에서 적당한 휴식을 취한다.
	질병을 예방하는 방법을 알고 실천한다.
안전하게 생활하기	일상에서 안전하게 놀이하고 생활한다.
	TV, 컴퓨터, 스마트폰 등을 바르게 사용한다.
	교통안전 규칙을 지킨다.
	안전사고, 화재, 재난, 학대, 유괴 등에 대처하는 방법을 알고 경험한다.

II. 의사소통

1. 목표

일상생활에 필요한 의사소통 능력과 상상력을 기른다.

1) 일상생활에서 듣고 말하기를 즐긴다.
2) 읽기와 쓰기에 관심을 가진다.
3) 책이나 이야기를 통해 상상하기를 즐긴다.

2. 내용

내용범주	내용
듣기와 말하기	말이나 이야기를 관심 있게 듣는다.
	자신의 경험, 느낌, 생각을 말한다.
	상황에 적절한 단어를 사용하여 말한다.
	상대방이 하는 이야기를 듣고 관련해서 말한다.
	바른 태도로 듣고 말한다.
	고운 말을 사용한다.
읽기와 쓰기에 관심 가지기	말과 글의 관계에 관심을 가진다.
	주변의 상징, 글자 등의 읽기에 관심을 가진다.
	자신의 생각을 글자와 비슷한 형태로 표현한다.
책과 이야기 즐기기	책에 관심을 가지고 상상하기를 즐긴다.
	동화, 동시에서 말의 재미를 느낀다.
	말놀이와 이야기 짓기를 즐긴다.

Ⅲ. 사회관계

1. 목표

자신을 존중하고 더불어 생활하는 태도를 가진다.

1) 자신을 이해하고 존중한다.
2) 다른 사람과 사이좋게 지낸다.
3) 우리가 사는 사회와 다양한 문화에 관심을 가진다.

2. 내용

내용범주	내용
나를 알고 존중하기	나를 알고 소중히 여긴다.
	나의 감정을 알고 상황에 맞게 표현한다.
	내가 할 수 있는 것을 스스로 한다.
더불어 생활하기	가족의 의미를 알고 화목하게 지낸다.
	친구와 서로 도우며 사이좋게 지낸다.
	친구와의 갈등을 긍정적인 방법으로 해결한다.
	서로 다른 감정, 생각, 행동을 존중한다.
	친구와 어른께 예의바르게 행동한다.
	약속과 규칙의 필요성을 알고 지킨다.
사회에 관심 가지기	내가 살고 있는 곳에 대해 궁금한 것을 알아본다.
	우리나라에 대해 자부심을 가진다.
	다양한 문화에 관심을 가진다.

Ⅳ. 예술경험

1. 목표

아름다움과 예술에 관심을 가지고 창의적 표현을 즐긴다.

1) 자연과 생활 및 예술에서 아름다움을 느낀다.
2) 예술을 통해 창의적으로 표현하는 과정을 즐긴다.
3) 다양한 예술 표현을 존중한다.

2. 내용

내용범주	내용
아름다움 찾아보기	자연과 생활에서 아름다움을 느끼고 즐긴다.
	예술적 요소에 관심을 갖고 찾아본다.
창의적으로 표현하기	노래를 즐겨 부른다.
	신체, 사물, 악기로 간단한 소리와 리듬을 만들어 본다.
	신체나 도구를 활용하여 움직임과 춤으로 자유롭게 표현한다.
	다양한 미술 재료와 도구로 자신의 생각과 느낌을 표현한다.
	극놀이로 경험이나 이야기를 표현한다.
예술 감상하기	다양한 예술을 감상하며 상상하기를 즐긴다.
	서로 다른 예술 표현을 존중한다.
	우리나라 전통 예술에 관심을 갖고 친숙해진다.

V. 자연탐구

1. 목표

탐구하는 과정을 즐기고, 자연과 더불어 살아가는 태도를 가진다.

1) 일상에서 호기심을 가지고 탐구하는 과정을 즐긴다.
2) 생활 속의 문제를 수학적, 과학적으로 탐구한다.
3) 생명과 자연을 존중한다.

2. 내용

내용범주	내용
탐구과정 즐기기	주변 세계와 자연에 대해 지속적으로 호기심을 가진다.
	궁금한 것을 탐구하는 과정에 즐겁게 참여한다.
	탐구과정에서 서로 다른 생각에 관심을 가진다.
생활 속에서 탐구하기	물체의 특성과 변화를 여러 가지 방법으로 탐색한다.
	물체를 세어 수량을 알아본다.
	물체의 위치와 방향, 모양을 알고 구별한다.
	일상에서 길이, 무게 등의 속성을 비교한다.
	주변에서 반복되는 규칙을 찾는다.
	일상에서 모은 자료를 기준에 따라 분류한다.
	도구와 기계에 대해 관심을 가진다.
자연과 더불어 살기	주변의 동식물에 관심을 가진다.
	생명과 자연환경을 소중히 여긴다.
	날씨와 계절의 변화를 생활과 관련짓는다.

5개 영역 한 눈에 보기

신체운동 · 건강		의사소통		사회관계		예술경험		자연탐구	
신체활동 즐기기	신체를 인식하고 움직인다. 신체 움직임을 조절한다. 기초적인 이동운동, 제자리 운동, 도구를 이용한 운동을 한다. 실내외 신체활동에 자발적으로 참여한다.	듣기와 말하기	말이나 이야기를 관심 있게 듣는다. 자신의 경험, 느낌, 생각을 말한다. 상황에 적절한 단어를 사용하여 말한다. 상대방이 하는 이야기를 듣고 관련해서 말한다. 바른 태도로 듣고 말한다. 고운 말을 사용한다.	나를 알고 존중하기	나를 알고 소중히 여긴다. 나의 감정을 알고 상황에 맞게 표현한다. 내가 할 수 있는 것을 스스로 한다.	아름다움 찾아보기	자연과 생활에서 아름다움을 느끼고 즐긴다. 예술적 요소에 관심을 갖고 찾아본다.	탐구 과정 즐기기	주변 세계와 자연에 대해 지속적으로 호기심을 가진다. 궁금한 것을 탐구하는 과정에 즐겁게 참여한다. 탐구과정에서 서로 다른 생각에 관심을 가진다.
건강하게 생활하기	자신의 몸과 주변을 깨끗이 한다. 몸에 좋은 음식에 관심을 가지고 바른 태도로 즐겁게 먹는다. 하루 일과에서 적당한 휴식을 취한다. 질병을 예방하는 방법을 알고 실천한다.	읽기와 쓰기에 관심 가지기	말과 글의 관계에 관심을 가진다. 주변의 상징, 글자 등의 읽기에 관심을 가진다. 자신의 생각을 글자와 비슷한 형태로 표현한다.	더불어 생활하기	가족의 의미를 알고 화목하게 지낸다. 친구와 서로 도우며 사이좋게 지낸다. 친구와의 갈등을 긍정적인 방법으로 해결한다. 서로 다른 감정, 생각, 행동을 존중한다. 친구와 어른께 예의 바르게 행동한다. 약속과 규칙의 필요성을 알고 지킨다.	창의적으로 표현하기	노래를 즐겨 부른다. 신체, 사물, 악기로 간단한 소리와 리듬을 만들어 본다. 신체나 도구를 활용하여 움직임과 춤으로 자유롭게 표현한다. 다양한 미술 재료와 도구로 자신의 생각과 느낌을 표현한다. 극놀이로 경험이나 이야기를 표현한다.	생활 속에서 탐구하기	물체의 특성과 변화를 여러 가지 방법으로 탐색한다. 물체를 세어 수량을 알아본다. 물체의 위치와 방향, 모양을 알고 구별한다. 일상에서 길이, 무게 등의 속성을 비교한다. 주변에서 반복되는 규칙을 찾는다. 일상에서 모은 자료를 기준에 따라 분류한다. 도구와 기계에 대해 관심을 가진다.
안전하게 생활하기	일상에서 안전하게 놀이하고 생활한다. TV, 컴퓨터, 스마트폰 등을 바르게 사용한다. 교통안전 규칙을 지킨다. 안전사고, 화재, 재난, 학대, 유괴 등에 대처하는 방법을 경험한다.	책과 이야기 즐기기	책에 관심을 가지고 상상하기를 즐긴다. 동화, 동시에서 말의 재미를 느낀다. 말놀이와 이야기 짓기를 즐긴다.	사회에 관심 가지기	내가 살고 있는 곳에 대해 궁금한 것을 알아본다. 우리나라에 대해 자부심을 가진다. 다양한 문화에 관심을 가진다.	예술 감상하기	다양한 예술을 감상하며 상상하기를 즐긴다. 서로 다른 예술 표현을 존중한다. 우리나라 전통 예술에 관심을 갖고 친숙해진다.	자연과 더불어 살기	주변의 동식물에 관심을 가진다. 생명과 자연환경을 소중히 여긴다. 날씨와 계절의 변화를 생활과 관련짓는다.

참·고·문·헌

가영희, 성낙돈, 김수현, 장청옥(2011). 교과교육론. 서울: 동문사.

곽병선, 김용숙, 김재복, 박문태, 장석우(1998). 교과교육원리. 서울: 갑을출판사.

교육부(2015). 3-5세 연령별 누리과정. 세종: 교육부.

교육부(2015). 초등학교 교육과정(교육부 고시 제2018-162호). 세종: 교육부.

교육부(2016). 2015 개정 교육과정 총론 해설서. 세종: 교육부.

교육부, 보건복지부(2019). 2019 개정 누리과정 해설서. 세종: 교육부·보건복지부.

김은영, 임부연(2019). 누리과정 개정 정책연구보고서(수탁부고 2019-03). 서울: 육아정책연구소.

김은정, 유영의, 신은수(2015). 한국과 미국의 영아와 유아의 과학교육과정의 내용 분석을 통한 교육적 시사점. 미래유아교육학회지, 22(2), 381-404.

김희진, 최혜윤(2022). 유아건강교육 대학교재의 내용과 2019 개정 누리과정에 강조한 교수학습방법의 반영에 대한 분석. 영유아교육: 이론과 실천, 7(2), 81-104.

文部科学省 (2017). 幼稚園教育要領(유치원 교육요령).

박순경(2009). 초등 저학년 교육과정에서의 교육 내용 중복과 교과 통합 방식 고찰. 교육과정연구, 27(4), 119-140.

박주희, 양은주(2019). 교육적 경험의 의미와 방법: 듀이의 교육이론과 실험학교 실천에 기초한 탐색. 교육과정평가연구, 22(2), 185-212.

배장오(2015). 교육학 교과교육론. 경기: 서현사.

서경혜(2019). 역량기반 교육과정의 딜레마. 교육과정연구, 38(4), 5-31.

소경희(2009). 역량기반 교육의 교육과정사적 기반 및 자유교육적 성격 탐색. 교육과정연구, 27(1), 1-20.

소경희(2017). 교육과정의 이해. 파주: 교육과학사.

양옥승(2008). 유아교육과정 탐구. 서울: 학지사.

양지선, 유태명(2019). OECD Education 2030에서 제안된 핵심역량의 2015 개정 가정과 교육과정 반영 특성 분석. 한국가정과교육학회지, 31(2), 113-135.

유네스코한국위원회(2018). 문답으로 풀어보는 지속가능발전목표(SDG)4 교육 2030(개정본). 유네스코한국위원회.

이경진(2022). 듀이의 교과관이 초등통합교육과정 개발에 주는 시사점 탐색. 통합교육과정연구, 16(1), 69-89.

이광우, 정영근, 민용성, 이근호, 이주연, 이미숙, 김창원, 박병기, 모경환, 박철웅, 진재관, 박경미, 곽영순, 진의남, 서지영, 이경언, 박소영, 임찬빈, 온덕, 김사훈(2015). 2015 개정 교과 교육과정 시안 개발 연구 II: 국가교육과정 각론 조정 연구. 한국교육과정평가원 연구보고 CRC2015-25-1.

이귀윤(1996). 교육과정 연구: 과제와 전망. 서울: 교육과학사.

이기숙, 김정원, 이현숙, 전선옥(2017). 영유아교육과정. 경기: 공동체.

임부연(2007). 예술과 미학교육에 대한 비교학적 고찰: 뱅크스트리트, 발도르프, 레지오 에밀리아 유아교육을 중심으로. 비교교육연구, 17(1), 1-27.

임부연, 최남정, 양혜련(2016). 유아교과교육론. 경기: 공동체.

정현숙(2020). 원격수업이 우리에게 남긴 과제와 해결방안. 교육 희망을 여는 공모 교장 협의회 토론문. 2020.07.07. 국회도서관 강당.

조성자, 김정은, 박성은, 정동희, 정인숙, 천향숙, 최혜정(2017). 영유아 프로그램 개발 및 평가. 서울: 창지사.

조운주(2014). 3-5세 유아사회교육 내용의 비교 · 분석 및 유아사회교육 내용에 대한 교사들의 인식. 유아교육학논집, 18(5), 5-27.

주형미, 최정순, 유창원, 김종윤, 임희준, 주미경(2017). 미래사회 대비 교육과정, 교수학습, 교육평가 연구(1): 초중등학교 교과교육의 방향. 서울: 한국교육과정평가원.

최혜윤(2016). 국가수준 교육과정의 안전교육 내용 및 교수방법 비교연구: 한국, 미국, 캐나다, 뉴질랜드 3-5세 유아교육과정을 중심으로. 미래유아교육학회지, 23(4), 1-31.

추정훈(2010). 교과교육론. 서울: 청목출판사.

한국민족문화대백과사전. http://encykorea.aks.ac.kr/Contents/Item/E0030334에서 인출 (2022. 12. 18)

Bloch, M. N. (2000). 아동발달과 유아교육 연구간의 역사적 관련성에 대한 비판적 관점. In S. Kesseler. & B. B. Swadener(Eds.). 유아교육과정의 재개념화: 그 대화의 시작 [*Reconceptualizing the Early Childhood Curriculum*](pp. 49-75). (신옥순, 염지숙 공역). 서울: 창지사. (원저 1992 출판)

Cannella, G. S. (2002). 유아교육 이론 해체하기: 비판적 접근. [*Deconstructing Early Childhood Education: Socail Justice and Revolution*]. (유혜령 역). 서울: 창지사. (원저 1997 출판)

Dahlberg, G., Moss, P., & Penn, A. (2016). 포스트모던 유아교육: 새로운 이해와 실천을 열어가기–평가의 언어–. [*Beyond Quality in Early Childhood Education and Care: Languages of Evaluation*]. (김희연, 신옥순, 염지숙, 유혜령, 정선아 공역). 서울: 창지사. (원저 2013 출판)

Dewey, J. (1987). 민주주의와 교육. [*Democracy and Education*]. (이홍우 역). 서울: 교육과학사. (원저 1916 출판)

Friedman, S., Wright, B., Masterson, M. L., Willer, B., & Bredekamp, S. (2021). *Developmentally Appropriate Practice in Early Childhood Programs Serving Children from Birth Through Age 8, Fourth Edition (Fully Revised and Updated).* NAEYC: Washington, DC.

Hirst, P. & Peters, R. (1970). *The logic of education*. London: Routledge.

Katz, L. G. & Chard, S. C. (2013). Katz와 Chard의 프로젝트 접근법. [*Engaging Children`s Minds: The Project Approach*]. (윤은주, 이진희 공역) 서울: 아카데미프레스. (원저 2000 출판)

Lenz Taguchi, H. (2018). 늘뢰스와 내부작용 유아교육: 이론과 실제 구분 넘어서기. [*Going beyond the theory/practice divide in early childhood education: introducing a intra-active pedagogy*]. (신은미, 안효진, 유혜령, 윤은주, 이진희, 임부연, 전가일, 한선아, 변윤희 공역). 서울: 창지사. (원저 2010 출판)

Moss, P. (2021). 유아교육과 대안적 내러티브. [*Alternative Narratives in Early Childhood*]. (이연선, 손유진, 신은미, 이경화, 이진희, 정혜영 공역) 서울: 살림터. (원저 2018 출판)

OECD (2005). The definition and selection of key competencies. OECD.

OECD (2018). The future of education and skills: Education 2030. OECD position paper.

OECD (2019). OECD future of education and skills 2030: conceptual leaning framework-learning compass 2030.

Oxfam (2015). *Education for global citizenship: a guide for schools*. Oxford: Oxfam.

Popkewitz, T. (1987). School subject and the political context of schooling(pp. 1-24). In T. Popkewitz(Ed.). *Formation of School Subjects: The struggle for creating an american institutions*. NY: Falmer Press.

Priestley, M. & Biesta, G. (2013). *Reinventing the Curriculum: New Trends in Curriculum Policy and Practice*. Bloomsbury Academic.

Rinaldi, C. (2006). 대화와 소통의 교육학: 레지오 에밀리아와의 대화. [*In Dialogue with Reggio Emilia: Listening, researching and learning*]. (이부연, 김혜숙, 손명선 공역). 서울: 한양대학교 출판부.

Roopnarine, J. & Johnson, J. E. (2010). 영유아 프로그램의 다양성과 역동성. [*Approaches to Early Childhood Education*]. (이진희, 윤은주, 성소영, 이병호, 전홍주, 안지령 공역). 서울: 아카데미프레스. (원저 2009 출판)

Schleicher, A. (2019). Presentation at the Forum on Transforming Education, Global Peace Convention, Seoul, South Korea.

Schwartz, S. L. & Copeland, S. M. (2013). 발현적 유아교육과정과 표준의 연계–교육내용과 교수실제 강화하기. [*Connecting emergent curriculum and standards in the early chilldhood classroom: Strengthening content and teaching practice*]. (박은혜, 신은수, 김희진, 이지현 공역). 서울: 학지사. (원저 2010 출판)

Sellers, M. (2018). 어린이의 교육과정 되기: 들뢰즈, 테 파리키와 교육과정에 대한 이해. [*Young children becoming curriculum: Deleuze, Te Whariki and curricular understandings*]. (손유진, 안효진, 유혜령, 윤은주, 이경화, 이연선, 이진희, 임부연, 전가일, 한선아 공역). 서울: 창지사. (원저 2013 출판)

Tanner, D. & Tanner, L. (1995). *Curriculum development: Theory into practice*(3rd ed.). Englewood Cliffs, NJ: Merrill.

The New Zealand Ministry of Education (2017). *Te Whariki: Early childhood curriculum*. Retrieved January 10, 2023, from https://www.education.govt.nz/assets/Documents/Early-Childhood/ELS-Te-Whariki-Early-Childhood-Curriculum-ENG-Web.pdf

UNESCO (2017). *Education for sustainable development goals: learning objectives*. Paris: UNESCO.

찾·아·보·기

저자소개

임부연 부산대학교 유아교육과

박수연 부산대학교 박사

신은미 덕성여자대학교 평생교육원

연희정 양산유치원

전홍주 성신여자대학교 유아교육과

최혜윤 부산대학교 유아교육과

누리과정 5개 영역을 교과와 연계하여 설명한 **유아교과교육**

1판 1쇄 발행 2023년 3월 2일
1판 2쇄 발행 2026년 2월 28일

지 은 이 | 임부연, 박수연, 신은미, 연희정, 전홍주, 최혜윤
발 행 인 | 박철용
발 행 처 | 양서원
주 소 | 경기도 파주시 직지길 522 파주출판도시
전 화 | 031-955-8000(代)
팩 스 | 031-955-8005
홈페이지 | www.yswpub.co.kr
이 메 일 | yswgroup@naver.com
출판등록 | 1987년 11월 24일 제 406-2003-037 호

ISBN 978-89-994-1354-4

정가 20,000원